Cool Physics

Copyright © Pavilion Books Ltd. 2017
First published in Great Britain 2017 by Portico,
An imprint of Pavilion Books Company Limited,
43 Great Ormond Street, London WC1N 3Hz

Korean translation © 2018 Green Book Publishing Co.
Arranged through Icarias Agency, Seoul

이 책의 한국어판 저작권은 Icarias Agency를 통해
Pavilion Books Company Limited와 독점 계약한 도서출판 그린북에 있습니다.
저작권법에 의하여 한국 내에서 보호를 받는 저작물이므로 무단 전재와 무단 복제를 금합니다.

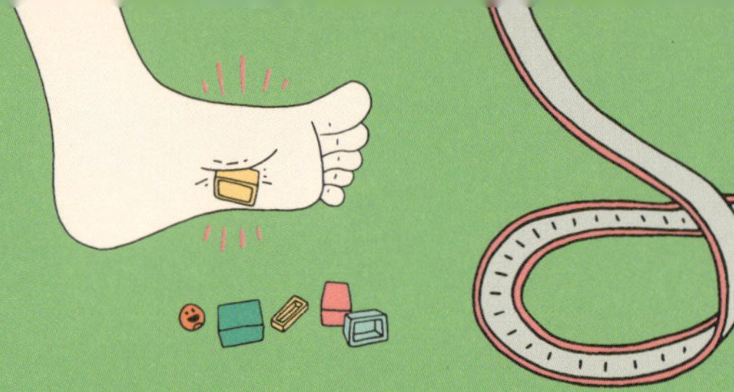

멋진 물리학 이야기

1판 1쇄 발행 2018년 1월 31일
1판 2쇄 발행 2019년 9월 9일
글 세라 허턴 그림 데이미언 웨그릴 옮김 김아림
펴낸곳 도서출판 그린북 펴낸이 윤상열
기획편집 염미희 김다혜 디자인 쏘굿
마케팅 윤선미 이서윤 경영관리 김미홍
출판등록 1995년 1월 4일(제10-1086호)
주소 서울시 마포구 방울내로11길 23 두영빌딩 302호
전화 02-323-8030~1 팩스 02-323-8797
이메일 gbook01@naver.com 블로그 http://greenbook.kr
ISBN 978-89-5588-346-2 70420

* 파손된 책은 구입하신 곳에서 교환해 드립니다.
* 이 도서의 국립중앙도서관 출판예정도서목록(CIP)은
서지정보유통지원시스템 홈페이지(http://seoji.nl.go.kr)와
국가자료공동목록시스템(http://www.nl.go.kr/kolisnet)에서
이용하실 수 있습니다.(CIP제어번호: CIP2018001404)

어린이제품안전특별법에 의한 표시
품명 어린이 도서 제조국 대한민국 사용연령 8세 이상
주의사항 책 모서리에 다치지 않도록 주의하세요.

차례

멋진 물리학의 세계에 온 걸 환영해요! 10
물리학 분야의 기록할 만한 순간들 12
아르키메데스가 외친 유레카! 14
세상을 성냥갑 안에 넣기 16
우주에서 밀도가 가장 높은 곳 18
유명한 물리학자들 Ⅰ 20
질서에서 나타난 혼돈 22
실험 말랑거리는 전기 회로 24
맥스웰의 도깨비 26
위로 올라간 건 떨어진다? 28

우주의 집짓기 블록 30
실험 방 안에서 구름 만들기 32
표준 모형이란 무엇일까? 34
파동을 타고 넘실넘실 36
전자기파 스펙트럼 38
실험 물병 속에 소용돌이 만들기 40
거울아, 거울아, 내 모습을 비춰라! 42
빛을 구부리기 44
틈새를 통해 들여다보기 46
실험 누가 누가 먼저 녹을까? 48

방사능에 대한 이야기 50
에디슨, 스완, 그리고 전구 52
압력에 대한 모든 것 54
정전기가 찌리릿! 56

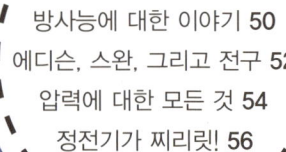

힉스 입자를 찾아 나서는 탐험 58
모든 건 다 상대적이야 60
실험 저절로 우그러지는 병 62
명사수와 원숭이 64
유명한 물리학자들 Ⅱ 66
실험 바늘구멍 사진기 만들기 68
흑체와 양자 물리학 70
핵분열이란 무엇일까? 72
핵융합이란 무엇일까? 74
서로 밀거나 끌어당기는 자석 76
실험 빛의 속도 측정하기 78

여러 가지 온도 체계 80
뉴턴의 운동 법칙 82
롤러코스터 타기 84
실험 데카르트의 잠수 인형 86
파동인가, 파동이 아닌가? 88
모터와 발전기 90
고무줄과 플라스틱, 용수철 92
아인슈타인 방정식, $E=mc^2$ 94
실험 집에서 아이스크림 만들기 96
물질의 상태 98

여러 가지 최고 속도 100
실험 성냥개비 로켓 102
소리가 움직이면
무슨 일이 벌어질까? 104
왔다 갔다 진자시계 106
세계를 통합하기 108

하이젠베르크의
불확정성 원리 110
브라운 운동 112
물리학에 쓰이는
주요 낱말 114

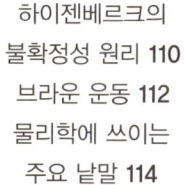

멋진 물리학의 세계에 온 걸 환영해요!

어린 시절 나는 물건들을 분해해서 그것들이 어떻게 작동하는지 알아보는 걸 좋아했어요. 부모님은 내가 어린데도 드라이버를 사용하는 능력을 타고났다는 사실을 재빨리 알아차렸고, 전자 제품이 놓인 방에 나를 혼자 내버려 두지 않으려 했지요. 적어도 사용하지 않는 전자 제품은 전원을 꺼 두려 했어요. 그래도 시간이 지나면서 나는 부품들을 맞춰서 원래대로 만드는 법도 깨우쳤어요! 하지만 점점 더 나이가 들면서 나는 궁금한 걸 알기 위해 물리학을 공부하기 시작했어요. 전자 제품을 분해하는 대신 말이지요.

물리학은 우리를 둘러싼 세계, 우리 내부의 세계, 우리를 넘어선 세계를 이해하는 데 꼭 필요한 열쇠예요. 물리학은 가장 기초적이고 근본적인 과학 분야예요. 엄청나게 큰 은하에서 엄청나게 작은 아원자 입자에 이르기까지 우주의 온갖 것들을 연구하지요.

물리학은 우리의 상상력을 자극해요. 상대성 이론이나 대통합 이론에서 등장하는 개념들을 통해서 말이지요. 그리고 컴퓨터나 레이저 같은 위대한 발견으로 우리를 이끈답니다. 그뿐만 아니라 관절염과 암을 치료하고, 지속 가능한 에너지를 위한 해법을 개발하게 해 주고요.

지금도 나는 물리학을 통해 뭔가 배우기를 좋아해요. 그뿐만 아니라 강연이나 워크숍을 통해 사람들에게 물리학을 가르치는 데 대부분의 시간을 보내지요. 물리학에 대한 이 책을 쓰기도 했고요.

이 책에서는 유명한 물리학자들, 입자 물리학, 천문학, 열역학에 대해 다루었어요. 물론 이 책에 물리학의 모든 것을 담지는 못했어요. 그러려면 책을 수천 권을 읽어야 할 거예요. 그래도 이 책은 독자를 물리학이라는 주제에 대해 더 많이 알고 싶도록 부추길 거예요. 어쩌면 우리 주변의 세계가 어떻게 돌아가는지에 대한 새로운 이론을 발견하도록 해 줄지도 몰라요.

물리학 분야의 기록할 만한 순간들

지난 수천 년에 걸쳐 물리학 분야에서는 여러 발견이 이루어졌어요. 물리학이 그 자체로 독립적인 분야가 되기 전부터 말이지요. 당시에는 물리학이 화학이나 수학과 함께 과학의 일부로 분류되었답니다. 다음은 물리학이 발전하는 단계에서 나타났던 몇몇 획기적인 사건들이에요. 이 사건들 덕분에 물리학이 오늘날 우리가 아는 모습으로 우뚝 섰지요.

기원전 3세기 아리스타르코스가 태양이 중심에 있는 태양계 모형을 제시했어요.

기원전 150년 셀레우키아의 셀레우코스가 밀물과 썰물을 일으키는 것이 달이라는 사실을 발견했어요.

150년 프톨레마이오스가 지구가 태양계의 중심이라는 천동설 모형을 제시했어요.

1054년 중국과 아메리카 원주민 천문학자들이 게성운의 초신성 폭발을 관찰했어요.

1100년 자철석이 나침반에 처음으로 쓰였어요.

1572년 티코 브라헤가 카시오페이아자리에서 초신성을 관찰했어요.

1613년 갈릴레오 갈릴레이가 태양의 흑점을 관찰해 태양이 자전한다는 사실을 발견했어요.

1619년 요하네스 케플러가 천체 운동의 세 가지 법칙을 완성했어요.

1665년 아이작 뉴턴이 미적분학을 만들었어요.

1678년 크리스티안 하위헌스가 파동에 대한 원리를 발표했어요.

1752년 벤저민 프랭클린이 번개가 전기라는 사실을 증명했어요.

1783년 존 미첼이 블랙홀에 대한 이론을 발표했어요.

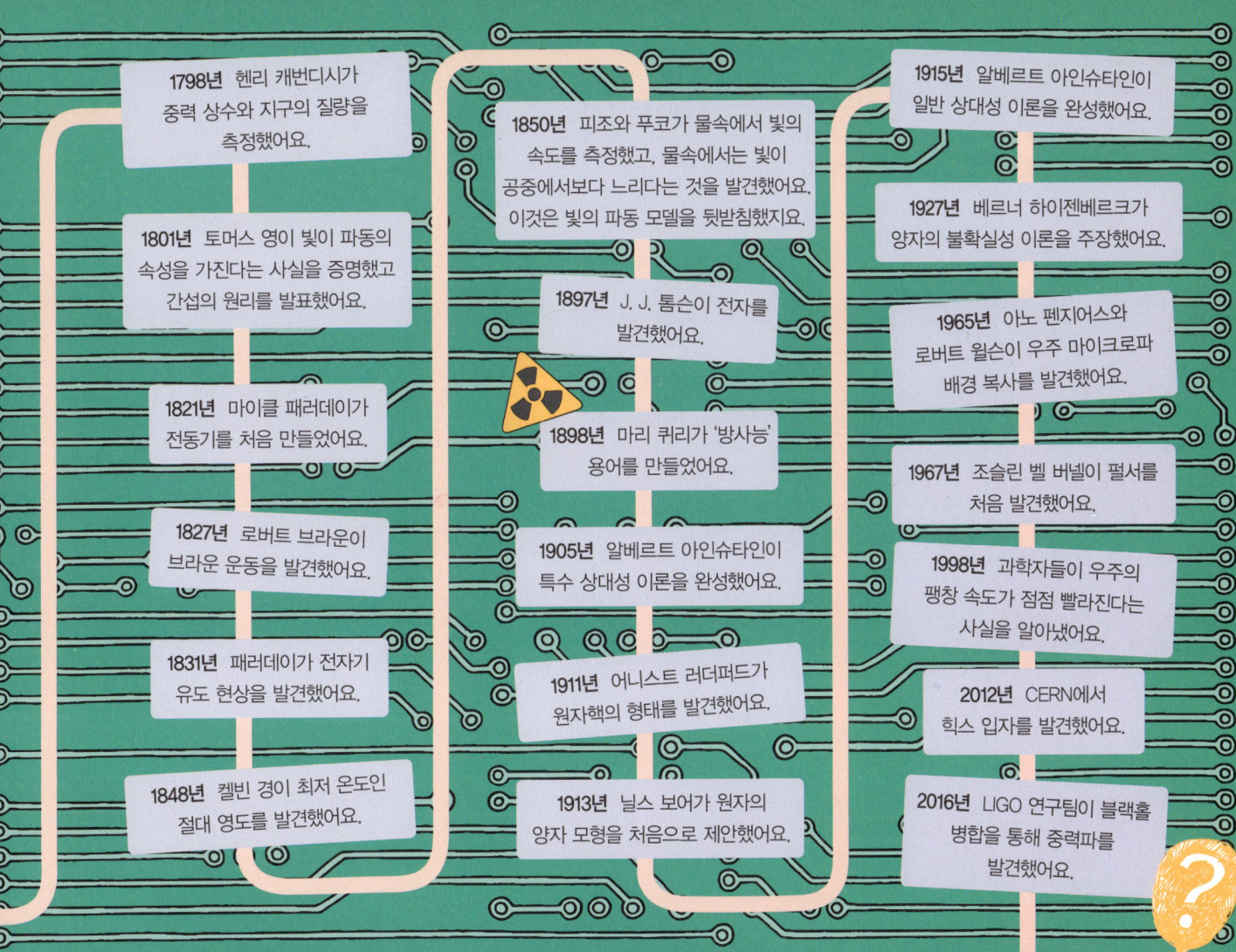

아르키메데스가 외친 유레카!

아르키메데스는 기원전 287년경에 고대 그리스 시칠리아섬의 시라쿠사라는 도시에서 태어났어요. 수학자이자 발명가, 엔지니어였고, 철학자이자 천문학자이기도 했답니다.

국왕의 고민 해결사

어느 날, 아르키메데스는 시칠리아의 왕에게 불려 갔어요. 왕은 아르키메데스에게 왕관을 만든 장인이 속임수 없이 금을 정해진 양만큼 제대로 사용했는지 조사해 달라고 부탁했어요. 왕은 장인에게 왕관을 만드는 데 충분한 금을 주었지만, 완성된 왕관을 본 왕은 장인이 금 대신 약간의 은을 집어넣고 남은 금은 장인이 가진 게 아닌지 의심이 들었던 거예요. 그런데 아르키메데스가 왕의 말대로 조사를 하는 데는 좀 어려운 점이 있었어요. 왜냐하면 왕관을 망가뜨리지 말고 알아내야 했기 때문이에요.

밀도란 무엇일까?

아르키메데스는 왕관의 밀도를 확인한 다음 그것을 금의 밀도와 비교해 보기로 했어요. 밀도란 어떤 물체의 질량을 부피로 나눈 값이지요. 금은 은보다 밀도가 높기 때문에, 만약 장인이 왕관에 은을 넣었다면 순금인 왕관에 비해 밀도가 작아질 거예요. 이제 아르키메데스가 해야 할 일은 왕관의 질량을 잰 다음 부피를 재서 밀도를 계산하는 거지요. 하지만 이 과정이 그렇게 간단하지는 않았어요. 왕관의 부피를 재는 게 결코 쉽지 않았거든요. 왕관은 둥그런 공이나 정육면체가 아니기 때문에 길이를 재서 부피를 구할 가장자리나 변이 없었어요.

아르키메데스는 이 문제를 두고 고민에 빠졌어요. 그러던 어느 날, 목욕을 하던 아르키메데스는 몸을 욕조에 담갔을 때 목욕물이 높아지면서 흘러넘친다는 사실을 발견했어요. 욕조에 몸을 더 많이 담글수록 물은 더 많이 흘러넘쳤어요. 이것을 보고 아르키메데스는 밖으로 흘러넘친 물의 양이 욕조에 잠긴 자기 몸의 양과 같다는 사실을 알아챘어요. 전하는 바에 따르면, 이 사실을 발견한 아르키메데스는 너무 흥분한 나머지 욕조에서 펄쩍 뛰어 올라서는 '유레카(발견했다)!'라고 외치며 발가벗고 거리를 뛰어다녔다고 해요.

아르키메데스는 왕이 낸 문제에 대한 답을 찾은 거예요. 왕관을 물에 담그면 되었지요! 그래서 물이 흘러넘친 양을 알아내면, 왕관의 부피를 잴 수 있고 그에 따라 밀도도 계산할 수 있어요. 아르키메데스는 왕에게 가서 이대로 실험을 해 보였고, 장인이 왕을 속였다는 사실을 밝혀냈답니다!

기억해 둘 물리학 상식

오늘날에는 어떤 물체가 차지하는 자리를 물로 바꾸어서 부피를 재는 방식을 아르키메데스의 원리라고 불러요. 다음번에 욕조에 들어갈 때면 아르키메데스의 원리를 직접 실험해 봐요. 그러는 사이 아르키메데스만큼 천재적인 아이디어를 떠올리게 될지 누가 알겠어요!

유레카!

세상을 성냥갑 안에 넣기

우리가 사는 세상을 새로 만든다고 상상해 봐요.
어디서부터 시작해야 할까요?

그러려면 먼저 사람과 집, 산맥을 비롯해 수없이 많은 것들을 만들어야 할 거예요. 하지만 좀 더 쉽게 해치우려면, 그냥 몇 가지 종류의 원자만 만들면 돼요. 원자가 있으면 원하는 걸 무엇이든 만들 수 있거든요. 원자는 우리를 둘러싼 모든 것들을 만들어 내는 조그만 집짓기 블록이라고 할 수 있지요.

원자란 무엇일까?

어떤 물체 안에는 더 작은 뭔가가 있어요. 예컨대 비행기나 자동차 안에는 엔진이 있고, 과일 안에는 씨앗, 사람 머리 안쪽에는 뇌, 곰 인형 안에는 솜뭉치가 있어요. 이런 식으로 계속 잘게 나누다 보면 결국 우리 주변의 모든 사물은 여러 종류의 원자로 이뤄져 있다는 사실을 깨닫게 돼요.

예를 들어 생명체는 대부분 탄소, 수소, 산소 원자로 이루어져 있어요. 하지만 이 세 가지 말고도 과학자들은 지금껏 수백 종류의 화학 원소들을 발견했답니다. 이런 여러 종류의 원자들을 장난감 블록처럼 서로 합치면 무엇이든 만들어 낼 수 있지요.

원자란 어떤 화학 원소에서 가장 작은 단위예요. 예컨대 우리가 가질 수 있는 가장 적은 양의 금은 금 원자 하나인 셈이지요. 원자는 실제로 무척 작아요. 1개의 원자를 10만 개 죽 이어야 사람 머리카락 한 올의 두께가 된답니다.

기억해 둘 물리학 상식

지구는 사실 속이 거의 비어 있어요. 지구에 있는 원자들의 빈 공간을 모두 없애면 남은 물질은 성냥갑 하나에 다 들어갈 정도로 줄어들 거예요. 그래도 그 성냥갑은 지구만큼 무겁지요. 그러니 우리가 쉽게 집어 올릴 수는 없겠지요!

원자를 모형으로 만들기

옛날에는 사람들이 세상에서 가장 작은 존재가 원자라고 생각했어요. 원자를 뜻하는 영어 단어 'atom'은 '더 이상 쪼갤 수 없는' 뜻을 가진 그리스어 'atomos'에서 비롯되었어요. 하지만 오늘날 우리는 원자를 더 쪼갤 수 있다는 사실을 알아요. 원자를 쪼개면 아원자 입자가 되지요. 양성자, 중성자, 전자가 바로 아원자 입자예요. 원자에 대한 가장 단순한 모형은 핵 한가운데에 양성자들과 중성자들이 단단하게 서로 뭉쳐 있고, 그 주위를 전자 껍질이 둘러싸는 거예요. 이런 모형은 원자들이 어떻게 작동하고 상호 작용하는지를 설명하는 데 꽤 적합해요. 하지만 원자의 여러 부분이 다른 부분보다 얼마나 크고 작은지를 알려 주지는 못해요.

원자 하나가 커다란 축구장만 하다고 상상해 봐요. 핵은 축구장 한가운데에 놓인 크리켓* 공의 크기이고, 전자는 관객석을 둘러싸고 윙윙대는 조그만 날벌레 정도지요. 축구장의 나머지 공간은 텅 비어 있고요. 사실 따지고 보면 우리와 우리 주변을 둘러싼 모든 사물이 거의 빈 공간으로 이루어져 있다고 할 수 있답니다.

*크리켓 : 영국의 대표적인 구기 경기로, 11명씩 이루어진 두 팀이 위킷을 사이에 두고 공격과 수비로 나뉘어 승부를 겨룬다.

우주에서 밀도가 가장 높은 곳

사물을 이루고 있는 원자 내부가 사실은 텅 비어 있다는 사실을 알고 있지요? 텅 빈 공간을 전부 제거하면 지구 전체가 성냥갑 하나에 다 들어갈 만큼 작아진다는 사실도요. 다른 별에 비슷한 일을 하면 어떻게 될까요?

불사조 별

태양보다 질량이 4~8배 큰 별이 초신성이 되어 격렬하게 폭발하면 맨 바깥층이 터져 나가고, 밀도가 높은 작은 중심부만 남아요. 이 중심부는 계속 폭발하지요. 여기서는 중력이 이곳의 물질을 꽉 압축하기 때문에 양성자와 전자가 결합해 중성자가 돼요. 그래서 '중성자별'이라고 불리지요.

이때 지름이 10억 km였던 별은 지름이 고작 20km 정도인 구체로 되고 밀도가 급격하게 늘어나요! 이렇게 별이 엄청나게 압축되면 아주 별난 결과가 나타나요. 중성자별은 보통 별에 비해 질량이 10억 배 정도 큰데, 그러면 '중력 렌즈'라는 효과를 일으켜요. 공간을 왜곡하면서 커다란 돋보기 렌즈처럼 자기를 통과하는 빛을 구부리지요. 별이 붕괴하면서 밖으로 뿜어내는 힘은 별을 회전시키고요. 회전하는 속도는 처음에 빠르다가도 시간이 갈수록 느려져요. 가장 오래되고 회전 속도가 느린 중성자별은 1초에 1번 정도 회전하지만, 가장 빠른 중성자별은 1초에 700번이나 회전하지요.

만약 어떤 중성자별이 다른 별과 쌍성계*를 이루고, 또 다른 별이 초신성 폭발로 거의 사라질 뻔하다가 살아남았다면 더욱 흥미로운 현상이 나타나지요. 또 다른 별(동반성)이 우리 태양보다 질량이 작다면, 중성자별은 이 별을 로슈 엽* 안으로 끌어당겨요. 동반성이 태양보다 질량이 10배 크고 비슷한 양의 물질을 전달한다면, 상태가 불안정하기 때문에 오래 버티지 못해요. 그런데 태양보다 질량이 10배 이상인 별들은 항성풍이라는 형태로 물질을 전달해요. 중성자별에 존재하는 자기의 극을 따라 물질을 흐르고, 온도가 높아지는 과정에서 엑스선이 맥박처럼 일정하게 진동하지요.

*쌍성계 : 각자 서로를 둘러싼 궤도를 도는 두 개의 별.

*로슈 엽 : 중성자별을 중심으로 주변을 도는 풍선 비슷한 물질들의 구름.

유명한 물리학자들 I

아얏!

아이작 뉴턴 (1642~1727)

아이작 뉴턴은 중력과 운동, 광학뿐만 아니라 수학 분야의 혁명적인 주제를 다룬 책을 썼어요. 하지만 뉴턴의 가족은 뉴턴이 학계에 진출하는 것을 반대했어요. 뉴턴이 농부가 되기를 바랐거든요. 게다가 뉴턴은 대학교에 진학했지만 전공은 법학이었지요. 뉴턴은 놀라운 발견을 여럿 해내기는 했지만 자신에게 향하는 비판은 달게 받아들이지 않았어요. 심지어는 왕립 학회의 회장이라는 직위를 이용해 자신과 다른 이론을 주장하는 사람의 작업을 묻어 버리기도 했어요.

알베르트 아인슈타인(1879~1955)

알베르트 아인슈타인은 상대성 이론과 $E=mc^2$이라는 방정식으로 물리학을 혁명적으로 바꾼 독일의 물리학자예요. 아인슈타인은 학교에 다닐 때 수학과 과학을 아주 잘했지만, 학교를 그렇게 좋아하지는 않았어요. 대신 스스로 공부하는 걸 더 좋아했지요. 아인슈타인 하면 상대성 이론이 가장 유명하기는 하지만, 정작 노벨 물리학상은 광전 효과에 대한 업적으로 받았어요. 하지만 아인슈타인은 유대인이었기 때문에 독일 나치의 표적이 된 이후에는 독일을 떠날 수밖에 없었어요. 그래서 독일에서 미국으로 건너갔고, 1940년에는 미국 시민이 되었어요. 아인슈타인은 20세기의 가장 영향력 있는 물리학자로 꼽혀요. 1999년에 〈타임〉지는 아인슈타인을 '세기의 인물'로 꼽기도 했답니다.

기억해 둘 물리학 상식

아이작 뉴턴은 영국 조폐국을 책임지는 일을 맡았어요. 뉴턴은 화폐를 개혁하고 부패를 없애려고 무척 열심히 일했어요.

> 지금 아는 걸 그때도 알았더라면, 나는 열쇠 수리공이 되었을 거야.

> 나는 원자들의 우주이고, 우주 속의 원자와 마찬가지야.

리처드 파인먼(1918~1988)

리처드 파인먼은 미국의 이론 물리학자예요. 입자 물리학에 대한 완전히 새로운 사고방식을 발전시켰을 뿐 아니라, 강의를 잘해서 상도 여러 번 받았어요. 봉고 드럼 치는 걸 좋아하기도 했지요! 파인먼은 박사 과정을 밟는 동안 고급 생물학 강의를 여러 번 들었는데, 그 강의를 꽤 좋아했어요. 자신이 물리학을 전공한다고 해서 다른 과목을 제대로 배울 수 없다고는 생각하지 않았지요. 파인먼은 학계에서 일하는 동안 학생들을 가르치기를 좋아했고, 자신의 강연 내용을 여러 권의 책으로 출간했어요. 제2차 세계 대전 동안 파인먼은 맨해튼 프로젝트에 참여해 원자 폭탄을 개발하기도 했어요. 파인먼은 이론을 담당하는 부서를 이끌었고, 현장에서 폭탄이 안전한지 시험하기도 했답니다.

질서에서 나타난 혼돈

열역학을 연구하는 과학자들이 실제로 다루는 대상은 열이에요. 바꿔 말하면 열에너지예요. 열은 무엇이든 할 수 있어요. 어떤 구역에서 다른 구역으로 옮겨 갈 수 있고, 원자를 들뜨게 만들 수 있는 데다 에너지 자체를 증가시키기도 해요. 어떤 시스템에서 열을 증가시킨다면, 실제로 하는 일은 에너지의 양을 증가시키는 것이랍니다. 여기까지 설명하면 알겠지만, 열역학이란 어떤 시스템으로 에너지가 들어갔다 나오는 현상에 대한 연구예요. 그러니 듣기와는 달리 그렇게 무시무시한 단어는 아니랍니다!

뜨거운 원자들

에너지는 모두 세상을 이리저리 돌아다니고 있어요. 다만 우리가 기억해야 할 사실은 이 현상이 무척 작은 규모에서 일어난다는 점이에요. 무척 적은 양의 에너지를 원자와 분자들이 전달하지요. 어떤 구역에서 다른 구역으로 열이 이동하는 이유는 엄청나게 많은 수의 원자와 분자들이 한꺼번에 작동하기 때문이에요. 지구 전체를 통틀어 이 엄청나게 많은 조각의 에너지가 흘러 다니지요.

서로 다른 두 장소의 온도가 서로 다르다면 열이 흐를 수 있어요. 만약 두 장소의 온도가 서로 같다면 에너지는 흐르지 않을 거예요. 반대로 두 장소의 온도가 서로 다르다면 에너지가 흐르기 시작해요. 온도가 높은 구역에서 온도가 낮은 구역으로 에너지가 방출돼요. 우주 전체를 통틀어 에너지가 계속해서 흐르지요. 열은 그런 에너지의 한 가지 유형일 뿐이에요.

늘어나는 에너지, 늘어나는 엔트로피

열역학에서 또 하나의 중요한 생각은 에너지에 대한 개념이에요. 에너지가 분자들의 자유도를 변화시킨다는 거예요. 예를 들어 고체, 액체, 기체와 같이 어떤 시스템의 상태를 변화시키면, 그 안의 원자와 분자들은 배열과 움직임의 자유도가 달라져요. 이렇게 무작위성이나 무질서한 정도, 즉 자유로운 정도가 커지는 것을 엔트로피라고 불러요.

원자가 더 많이 돌아다닐수록 원자의 활성은 더 높아지지요. 그리고 열역학의 법칙에 따르면 우주의 어떤 장소는 시간이 지날수록 엔트로피가 점점 늘어나요. 그 말은 현미경으로 볼 수 있을 만큼 작은 규모에서는 모든 것이 시간이 지날수록 점점 무작위로 변하고 혼돈에 가까워진다는 거예요. 처음에 아무리 질서 있게 정돈되어 있었다고 하더라도 말이에요.

그러니 다음번에 누가 방을 정리하라고 잔소리하면 이렇게 대꾸해 주면 돼요. 방 안에서 엔트로피의 법칙을 직접 보여 주고 있을 뿐이라고 말이에요!

말랑거리는 전기 회로

장난감 찰흙이 있다면 찰흙 빚기 말고 그것으로 다른 일을 해 보고 싶지 않나요? 아래에 그런 재미있는 실험을 소개했어요. 전기를 흘려서 빛이 들어오게 할 수 있답니다.

필요한 준비물
- 장난감 찰흙(집에서 직접 만든다면 소금을 충분히 넣어야 해요.)
- 도자기용 점토
- 다양한 색이 들어오는 LED(발광 다이오드) 전구
- 붉은색과 검정색 전선이 달린 배터리 팩 또는 시계용 리튬 이온 전지 2개(CR2032 또는 비슷한 제품)

회로에 들어갈 찰흙으로 동물 모양을 빚을 수도 있어요. LED 전구로 눈이 이글거리는 사자 한 마리를 만드는 건 어떨까요?

어떻게 하면 될까?

① 장난감 찰흙을 굴려서 긴 원통 2개를 만들어요.

② 배터리 팩을 사용한다면, 배터리의 끝을 찰흙 원통의 끄트머리에 가져다 대요. 리튬 이온 전지를 사용한다면, 전지의 +기호가 위로 오도록 전지들을 위아래로 쌓아 올려요. 그런 다음 옆으로 세워서 전지의 양쪽 끝을 찰흙 원통과 맞붙여요.

③ 이제 점토를 작게 떼어 찰흙 원통 2개 사이에 집어넣고 서로 맞붙여요. 그러면 완전한 회로가 완성되지요.

④ 이제 점토 위쪽에 LED 전구를 가져다 놓아요. 이때 LED의 금속제 끄트머리가 찰흙 안쪽에 잘 박혀 있어야 해요. LED 전구의 긴 끄트머리가 배터리 팩의 붉은색 끝 또는 리튬 이온 전지 더미의 +극과 확실히 맞닿도록 해 줘요.

어떤 원리일까?

장난감 찰흙 속에 든 염분 때문에 찰흙은 전도성을 띠어요. 그 말은 전기가 흐른다는 뜻이지요. 하지만 여기에 비해 점토에는 전도성이 없기 때문에 마치 벽 같은 역할을 해요. 그래서 전기가 LED를 통과해 흐르도록 해 줘요.

말랑거리는 찰흙 전기 회로를 완성했군요! 모든 재료가 하나의 고리를 이루는 직렬 회로지요. 이 회로에서 전기는 한쪽 방향으로만 흐를 수 있어요. 또 다른 종류의 전기 회로는 병렬 회로예요. 전기가 여러 가지로 나뉘어 흐르는 회로지요. 이제 다양한 회로를 직접 만들어 보고 LED 전구 몇 개에 불을 켤 수 있는지 한번 실험해 봐요.

맥스웰의 도깨비

1871년에 스코틀랜드의 물리학자 제임스 클러크 맥스웰은 다음과 같은 '사고 실험'을 하나 제안했어요.

　벽이 기체가 가득 찬 두 개의 공간을 가로막았다고 상상해 봐요. 그 벽에 난 구멍 옆에 조그만 도깨비 하나가 앉아 라켓을 쥐고 있어요. 이 도깨비는 자기에게 날아오는 기체 분자를 바라보다가 분자의 속도에 따라 구멍 안으로 흘려보낼지, 아니면 라켓으로 쳐서 돌려보낼지를 결정해요. 이 게임의 목표는 평균보다 속도가 빠른 분자들을 한쪽에 모으고, 평균보다 속도가 느린 분자들을 다른 한쪽에 모으는 거예요.
　그러면 이 도깨비는 한쪽 끝 공간에는 뜨겁고 압력이 높은 기체를 모아 놓고, 다른 한쪽 끝에는 차갑고 압력이 낮은 기체를 모아 놓게 될 거예요. 이때, 처음부터 끝까지 공간 전체의 에너지양은 동일하기 때문에 에너지 보존 법칙은 깨지지 않아요. 하지만 이 시스템 안의 열은 재배열되지요. 만약 우리가 에너지를 이 시스템 밖으로 꺼내고 싶다면, 뜨거운 기체를 활용해 엔진을 가동해야 할 거예요.

뜨거운 원자들

맥스웰의 이 사고 실험에서 도깨비는 시스템의 엔트로피를 줄이려 해요. 바꿔 말하면 이 도깨비는 모든 분자의 운동에 대한 자신의 지식을 증가시켜 에너지 양을 늘리는 거예요. 하지만 열역학에 따르면 이건 불가능한 일이에요. 우리가 할 수 있는 일은 엔트로피를 증가시키는 일뿐이지요. 더 정확하게 말하면, 다른 곳에서 늘어난 엔트로피와 상쇄된다면 어떤 장소에서 엔트로피가 감소하는 일도 가능하지만요.

기억해 둘 물리학 상식

맥스웰의 도깨비는 생명체 시스템 안에서 실제로 존재해요. 신경계를 작동시켜 우리가 마음을 가질 수 있게 하는 이온 채널과 펌프 같이 말이에요. 하지만 이런 분자 크기의 메커니즘은 생물학의 영역에서만 발견되는 건 아니에요. 나노 공학이라는 새로운 분야의 주제이기도 합니다.

제대로 작동할까?

이 실험 속의 도깨비는 주변에 대한 정보를 텔레파시를 통해 저절로 알아내는 영혼이 아니에요. 세상에 대한 정보를 얻기 위해서는 세상과 물리적으로 접촉해야 하지요. 어떤 분자를 공간의 어느 쪽으로 보낼지 결정하기 위해 도깨비는 그 분자의 상태에 대한 정보를 저장해야 해요. 하지만 그러다가 결국 이 도깨비는 저장 공간을 다 써 버릴 테고, 예전에 모았던 정보를 버리기 시작하지요. 정보를 지우는 일은 열역학적으로 되돌릴 수 없는 비가역적인 과정이며, 시스템의 엔트로피를 높여요. 다시 말하면 맥스웰의 도깨비는 열역학과 정보 이론 사이의 깊은 연관성을 드러내는 존재예요. 이것은 오늘날까지도 계속 연구중인 주제랍니다.

위로 올라간 건 떨어진다?

우리 모두는 중력에 대해 잘 알고 있어요. 모든 물체가 지표면에 계속 붙어 있도록 만드는 힘이 중력이지요. 하지만 중력은 정확하게 어떤 힘일까요? 중력을 좀 더 과학적인 용어로 말하면 만유인력이에요. 질량을 가진 어떤 물체 근처에 질량을 가진 다른 물체가 놓이면 만유인력이 느껴지지요. 어떤 물체가 무거우면 무거울수록 중력도 커져요. 우리가 지구로 끌리는 반면에 거리를 걷는 다른 사람들에게 끌리지 않는 것도 이런 이유 때문이에요. 그뿐만 아니라 거리도 영향을 줘요. 우리가 어떤 물체와 가까울수록 중력의 힘은 강해지지요.

세상을 만들어 낸 힘

중력은 우리 일상생활에서 무척이나 중요해요. 지구의 중력이 없으면 우리는 지구가 자전을 할 때 우주로 날아가고 말 거예요. 또한 태양과 지구 사이의 만유인력 덕분에 지구는 태양 주변을 계속 공전할 수 있지요. 만유인력은 은하가 생겨나고 서로 합쳐지게 만드는 힘이기도 하답니다. 그뿐만 아니라 빅뱅 이후로 최초의 원자와 분자, 그리고 별들이 생겨나게 만든 힘이기도 하지요.

누가 중력을 발견했을까?

자기 발가락에 뭔가를 처음으로 떨어뜨린 사람이 중력을 발견한 사람이었을까요? 처음으로 수학을 활용해 중력을 표현한 사람은 바로 아이작 뉴턴이었어요. 뉴턴은 만유인력의 법칙을 통해 질량과 거리, 그에 따른 힘 사이의 관계를 설명했지요. 나중에 알베르트 아인슈타인은 상대성 이론을 통해 이 설명을 보완했어요. 중력이 양자 세계에 어떤 영향을 주는지를 설명했답니다.

기억해 둘 물리학 상식

지구에 밀물과 썰물이 존재하는 이유는 지구와 달 사이의 만유인력 때문이에요. 지구의 바닷물이 달에 이끌리면서 달이 있는 방향으로 부풀어 오르는 거예요. 부풀어 오른 바닷물은 지구가 회전하면서 달을 따라 움직이지요.

무겁게 짓누르기

　무게는 어떤 물체에 중력이 가하는 힘이에요. 우리의 몸무게는 지구의 중력이 우리에게 가한 힘의 크기지요. 지구가 우리를 얼마나 지표면으로 강하게 끌어당기는지 나타내는 크기이기도 해요. 흥미롭게도 질량이 서로 다른 물체들은 지표면에 똑같은 속도로 떨어져요.

　질량이 다르고 크기가 동일한 2개의 공을 건물 꼭대기에서 떨어뜨리면, 이 공들은 똑같은 시간에 지표면에 닿을 거예요. 중력을 제외하면 떨어지는 물체에 영향을 주는 유일한 요소는 공기 저항이지요. 이 공기 저항은 그 물체의 표면적과 관련이 있지 질량과는 상관없답니다. 사실 표면에 떨어지는 모든 물체는 특정한 가속도를 가져요. 이것을 중력장의 힘, 또는 g(중력 가속도)라고 불러요. 지구에서 이 값은 $9.8 m/s^2$이랍니다.

우주의 집짓기 블록

어떤 물건이 무엇으로 만들어졌는지 알아보고 싶어서 분해해 본 적이 있나요? 그러면 방 여기저기에 고장 난 전자 제품과 부품들이 가득하기 십상이지요. 이것은 사실 물리학자들이 우리 우주가 무엇으로 구성되었는지 알아내기 위해 실제로 시도해 보는 방법이랍니다.

가장 작은 입자

1968년, 미국 캘리포니아주 SLAC(스탠퍼드 선형 가속기 센터)에서 일하는 과학자들은 양성자와 중성자에 전자를 쎄게 부딪쳐 보았어요. 결과는 전자들이 예상대로 행동하지 않았어요. 양성자와 중성자들이 자기보다 더 작은 입자들로 이뤄져 있어야만 설명할 수 있는 결과였지요. 이 작은 입자들에는 '쿼크'라는 이름을 붙였어요. 쿼크는 제임스 조이스의 소설 《피네간의 경야》에서 따온 이름이에요. 쿼크에 대한 이론이 제안된 건 1964년이었어요.

여러 가지 맛을 가진 입자

1쿼크는 언제나 여러 가지가 조합되어서 나타나요. 어떤 쿼크가 자기 혼자서 나타난 적은 없지요. 지금까지 여섯 가지의 쿼크가 발견되었는데, 이런 여러 종류를 쿼크의 맛이라고 불러요. '업', '다운', '스트레인지', '참', '톱', '보텀' 등 여섯 종류예요. 여섯 종류 가운데 마지막으로 톱 쿼크가 확인된 해는 1995년이에요. 이 쿼크들은 이리저리 조합되어 100가지도 넘는 서로 다른 입자들을 만들어요. 쿼크의 특정 조합에 따라 어떤 입자가 만들어질지 결정되지요. 예를 들어 양성자는 2개의 톱 쿼크와 1개의 다운 쿼크로 구성돼요. 또 중성자는 1개의 업 쿼크와 2개의 다운 쿼크로 이뤄지지요. 우주의 모든 물질은 쿼크와 렙톤으로 만들어졌다고 알려져 있어요. 렙톤에 대해서는 34쪽에서 더 자세히 알아봐요.

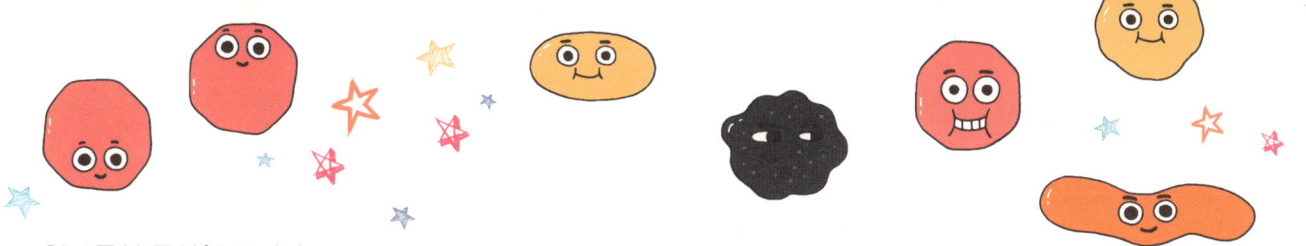

입자들이 들어찬 주머니

쿼크로 만들어진 어떤 입자를 강입자라고 불러요. 특히 앞서 말한 양성자나 중성자처럼 3개의 쿼크로 이뤄진 강입자를 중입자라고 하지요. 그리고 2개의 쿼크로 이뤄진 입자를 중간자라고 하고요. 정확하게 말하면 쿼크 하나와 반쿼크 하나지요.

하지만 쿼크의 성질에 대해서는 꽤 많은 부분이 알려져 있어도, 쿼크가 강입자 안에서 어떻게 배열되어 있는지에 대해서는 알려진 바가 많지 않아요. 한 가지 잘 알려진 모형이 있다면 '주머니 모형'이에요. 강입자가 쿼크를 담고 있는 조그만 주머니와 같다는 것이지요. 쿼크는 주머니 안에서 마음껏 움직일 수 있지만, 강력이라는 힘 때문에 지나치게 멀리 벗어나 이리저리 떠돌거나 주머니 밖으로 벗어날 수 없답니다.

쿼크보다 작은 입자는 없을까?

쿼크는 핵반응 과정에서 한 주머니에서 다른 주머니로 풀쩍 넘어갈 수 있어요. 하나의 강입자에서 또 다른 강입자로 갈아타는 거지요. 하지만 쿼크는 결코 강입자를 벗어날 수 없어요. 그 강입자 안에는 적어도 한 가지 이상의 다른 쿼크가 들어 있고요. 그렇지만 만약 우리가 이 주머니를 비울 수 없고, 한 가지 쿼크만을 연구할 수가 없다면 쿼크가 정말로 가장 작은 근본 입자인지 아닌지 확신하기란 불가능할지도 몰라요. 그래서 몇몇 과학자들은 쿼크와 렙톤이 더 작은 조각들로 이루어져 있을지도 모른다고 의심하기도 한답니다.

그런데 '우주는 무엇으로 이루어져 있을까?'라는 질문에 대해 우리가 알고 있는 쿼크와 렙톤이 답을 해 줄까요? 이 두 가지가 또 다른 시작점은 아닐까요?

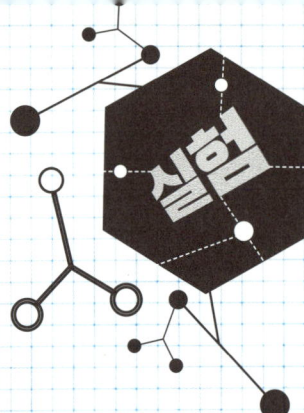

실험: 방 안에서 구름 만들기

하늘에 구름이 끼면 당장은 아니라도 곧 비가 올 수 있어요. 그럼 방 안에서 구름을 한번 만들어 볼까요? 지루했던 일상에 활기가 감돌 거예요!

준비물
- 맥주잔
- 작고 우묵한 그릇
- 뜨거운 물
- 얼음
- 에어로졸 스프레이

어떻게 하면 될까?

① 맥주잔에 뜨거운 물을 5cm 깊이로 부어요.

② 물을 휘저어서 잔을 따뜻하게 데워요.

③ 우묵한 그릇에 얼음 조각들을 넣어요.

④ 그릇을 맥주잔 위에 올리고 넘어지지 않게 균형을 잘 잡아요.

⑤ 조심스레 그릇을 들어 올리고, 잔 속에 에어로졸 스프레이를 뿌려요.

어떤 원리일까?

따뜻하고 습기 찬 공기가 시원해지면 그 속의 물이 방울로 뭉치면서 구름이 만들어져요. 하지만 물방울이 만들어지려면 표면이 필요하지요. 지구의 대기에서는 먼지 입자가 이런 표면 역할을 해요. 우리 실험에서는 에어로졸 스프레이가 이런 입자를 제공해요. 에어로졸을 쓰지 않았다면, 구름이 생기지 않고 물은 우묵한 그릇 바닥에 응결돼 적당한 양이 모이면 주르륵 흘러내릴 거예요.

과학자들은 가뭄이 들 때 인공 구름을 만들어 날씨가 바뀌도록 해요. 공기 중에 작은 입자를 뿌려서 그 위에 물이 응결할 수 있도록 하는 것이지요. 이런 과정을 '인공 강우'라고 해요.

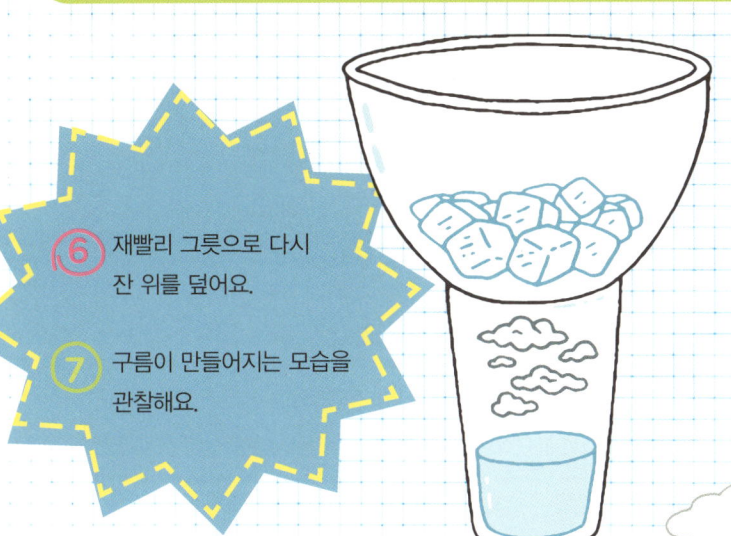

⑥ 재빨리 그릇으로 다시 잔 위를 덮어요.

⑦ 구름이 만들어지는 모습을 관찰해요.

직접 알아봐요!

에어로졸 스프레이 없이 구름을 만들 수 있는지 시험해 봐요. 스프레이를 사용한다면 얼마 정도의 양이 적당할까요? 뜨거운 물의 온도나 얼음의 양을 바꾸면 결과가 달라질까요?

표준 모형이란 무엇일까?

1930년대 이후로 수많은 물리학자들이 열심히 연구한 결과, 우리는 물질의 구조에 대한 놀라운 통찰을 얻었어요. 우주의 모든 것들은 근본 입자라고 불리는 몇 가지 기본적인 집짓기 블록으로 이뤄졌다는 것이지요. 그리고 네 가지의 근본적인 힘이 이 입자들을 지배한답니다.

이 입자들을 비롯해 근본 힘 가운데 세 가지가 서로 어떤 관련을 맺는지에 대한 지금껏 가장 훌륭한 설명은 입자 물리학의 '표준 모형'이에요. 시간이 흐르면서 여러 번의 실험을 거친 결과, 표준 모형은 물리학에서 탄탄한 이론이 되었지요.

물질이 중요해

우리를 둘러싸고 있는 모든 물질들은 근본적이고 기본적인 입자들로 이루어져 있어요. 이 입자들은 쿼크와 렙톤이라는 두 가지 기본적인 유형으로 나뉘어요. 각각의 유형에는 6개의 입자가 있고, 이 입자들은 하나의 쌍으로 구성된 '세대'로 이루어져 있어요.

가장 가볍고 안정적인 입자들이 첫 번째 세대를 이루고, 이보다 무겁고 덜 안정적인 입자들이 두 번째, 세 번째 세대를 이루지요. 우주에 존재하는 안정적인 모든 물질들은 첫 번째 세대의 입자로 구성되었어요. 무거운 입자들은 재빨리 분해되어 자기보다 안정적인 수준이 되려 하지요. 30쪽에서 설명한 쿼크와 마찬가지로, 6가지의 렙톤 또한 다음과 같은 3세대로 나뉘어요.

1 전자와 전자 중성 미자
2 뮤온과 뮤온 중성 미자
3 타우와 타우 중성 미자

전자와 뮤온, 타우는 모두 전하를 가졌고 질량도 꽤 나가요. 반면에 중성 미자는 전기적으로 중성이고 질량이 몹시 작아요.

힘을 실어 나르기

우주에는 네 가지의 근본적인 힘이 작동하고 있어요. 여기에 대해서는 108쪽에서 더 자세히 알아볼 예정이에요. 이 모든 힘들은 세기나 미치는 범위가 제각각이지요. 이 가운데 세 가지의 힘이 생겨나는 이유는 힘을 실어 나르는 입자들이 존재하기 때문이에요. 이런 입자들을 보존이라 불러요. 입자들은 서로 교환하는 과정에서 에너지를 주고받아요. 근본적인 힘들은 각각 자기만의 보존을 갖고 있어요. 예컨대 강력은 글루온, 전자기력은 광자, 약력은 W 보존과 Z 보존이 각각 실어 나르지요. 이론적으로는 중력을 실어 나르는 중력자도 존재한다고 여겨지지만, 아직까지 발견되지는 않았어요. 이런 표준 모형은 '대통일 이론'의 한 형태예요. 대통일 이론은 중력을 제외한 모든 근본적인 힘들이 여러 입자에 어떤 영향을 미치는지를 설명해 주어요. 하지만 그 모든 힘들을 하나의 힘으로 통합하지는 못해요.

아직은 불완전하지만

표준 모형이 우주에 대한 모든 질문에 답할 수 없다는 사실은 다들 인정해요. 하지만 이 모형은 우리에게 도움이 될 새로운 물리학으로 이끌 훌륭한 디딤돌이에요. 제네바의 CERN(유럽 원자핵 공동 연구소)에 설치된 LHC(대형 강입자 충돌기)에서 벌어질 여러 새로운 실험들과 표준 모형을 결합하면, 우리는 머지않아 물리학의 잃어버린 조각들을 찾을 수 있을 거예요!

파동을 타고 넘실넘실

연못에 돌멩이를 던지면 어떻게 되나요? 돌이 물에 풍덩 들어간 자리에서 잔물결이 생겨나 바깥쪽으로 퍼지지요. 이와 비슷하게 큰 질량을 가진 물체는 공간에 중력파를 만들어 내요. 이런 보이지 않는 잔물결은 공간의 결을 펼치기도 하고 다시 우그러뜨리기도 해요.

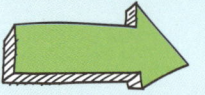

2016년 2월 11일, 수십 년에 걸쳐 중력파를 직접 탐지하려는 노력을 벌인 결과 물리학자들은 마침내 파동을 발견했다고 발표했어요. 이 파동은 약 10억 광년 떨어진 외부 은하에서 왔지요. 그곳에서 2개의 블랙홀이 충돌하면서 시간과 공간, 즉 시공간의 결이 흔들렸던 거예요. 그러자 중력파가 미국의 2곳에 나뉘어 설치된 거대한 탐지기를 통과하면서 기계가 흔들렸어요.

예측을 시험하기

알베르트 아인슈타인은 일반 상대성 이론을 통해 별과 블랙홀의 충돌 같은 거대하고 격렬한 사건이 벌어지면 시공간의 잔물결에서 에너지가 방출될 것이라고 예측했어요.

하지만 이런 충돌이 엄청나게 강력한 데 비해, 생성된 잔물결은 아주 희미하지요. 파동이 지구에 도착할 때면 시공간에서 압축이 일어나 폭이 광자 하나와 비슷해져요. 새로이 발견된 파동을 검출한 곳은 최근에 시설을 업그레이드한 레이저 간섭계 중력파 관측소(LIGO)였지요.

보이지 않는 잔물결을 찾아내기

LIGO에서는 신호를 탐지하기 위해 특별한 거울을 활용해 레이저 빔을 쪼갰어요. 거울은 레이저 각각을 길이 4km인 관 2개로 보냈지요. 2개의 관은 서로 직각 방향이었어요. 빛은 탐지기 안의 터널에서 400번 왔다 갔다 하면서 이동해요. 그 과정에서 레이저 빔 각각은 총 1,600km

4 km!

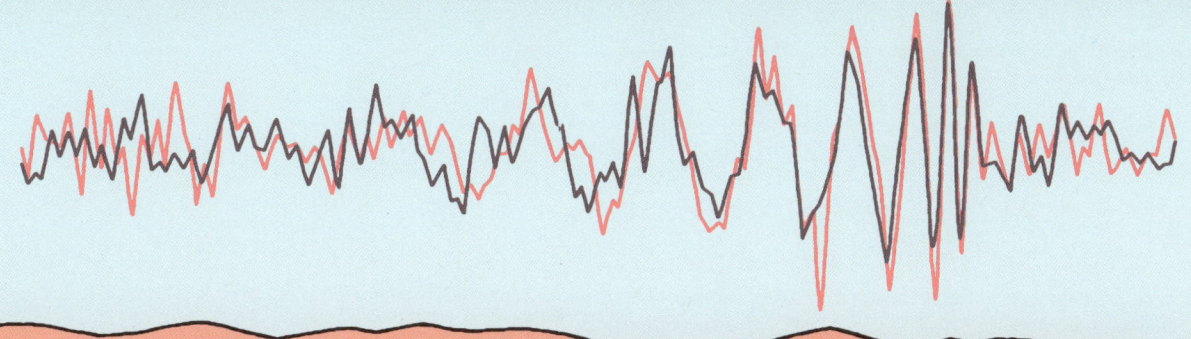

길이의 왕복 여행을 하고, 맨 처음 빔이 쪼개졌던 근처에서 다시 하나로 합쳐지지요.
 이 실험을 할 때 대부분의 경우에는 두 갈래의 빛이 합쳐지면서 서로 맞부딪쳐 사라져요. 그러면 근처의 탐지기에 아무런 신호도 전달되지 않아요. 하지만 만약 실험을 하는 동안 중력파가 그곳을 통과한다면, 중력파는 관 하나는 늘이고 나머지 관은 쥐어짜요. 그러면 서로 일정한 관계 속에서 이동하는 두 레이저 빔 사이의 거리가 달라져요. 이렇듯 조금이라도 변화가 생기면 두 개의 레이저 빔이 다시 결합할 때 파동이 완벽하게 들어맞지 않고, 상쇄되어 사라지지 않지요. 이때 생기는 희미한 흔적을 탐지기가 찾아내요. 그 흔적이 중력파가 통과했다는 신호랍니다.
 그리고 이 신호가 해당 지역의 어떤 현상에 의해 일어나지 않았다는 사실을 확실히 하고자 LIGO는 2개의 탐지기를 갖고 있어요. 또 만약 일어났다면 그 현상이 일어난 위치를 3각 측량으로 알아내려는 목적도 있지요. 2개의 탐지기 중 하나는 루이지애나주에, 다른 하나는 워싱턴주에 있어요. 그래서 어느 한 탐지기에서만 발견된 신호는 무시돼요.

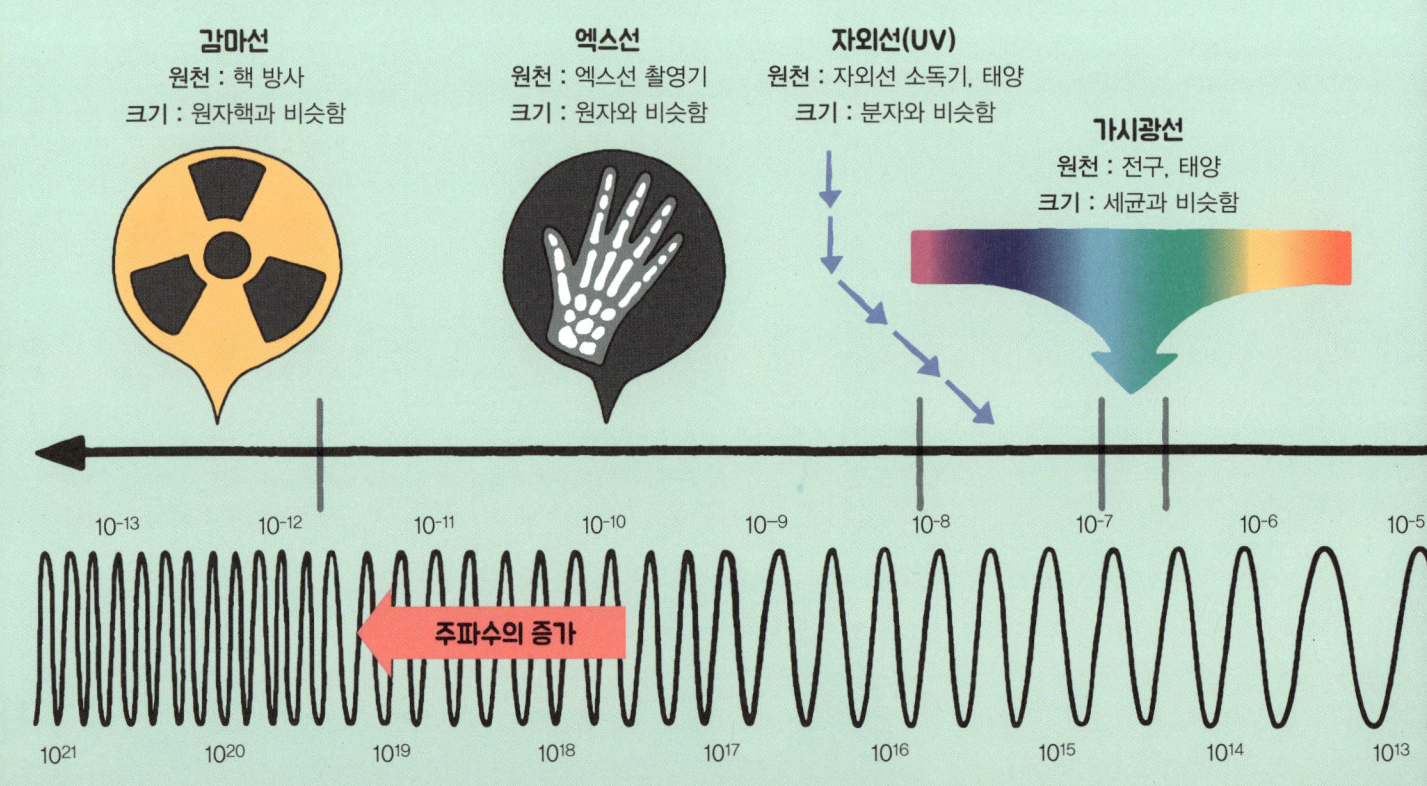

우리 눈에 보이는 전자기파는 가시광선뿐이에요. 하지만 우리는 전자기파 스펙트럼의 모든 요소를 일상생활에서 사용해요. 텔레비전을 보거나 병원에서 부러진 뼈를 들여다볼 때 말이에요.

전자기파 스펙트럼에 대해 얘기할 때는 파동 하나의 길이인 파장에 따라 나누어요. 파장이 길면 길수록 그 파동이 갖는 에너지는 적어요. 예컨대 전파는 파장이 가장 길기 때문에 에너지가 가장 적어요. 반대로 감마선은 파장이 가장 짧기 때문에 에너지가 가장 크지요. 또 진동수는 1초마다 어떤 지점을 파장이 몇 번이나 지나가는지를 나타내요. 진동수와 파장은 서로 연결되어 있어요. 파장이 길면 길수록 진동수는 낮아져요. 그리고 전자기파 스펙트럼을 구성하는 모든 파동들은 같은 속도로 이동한답니다. 바로 빛의 속도로요!

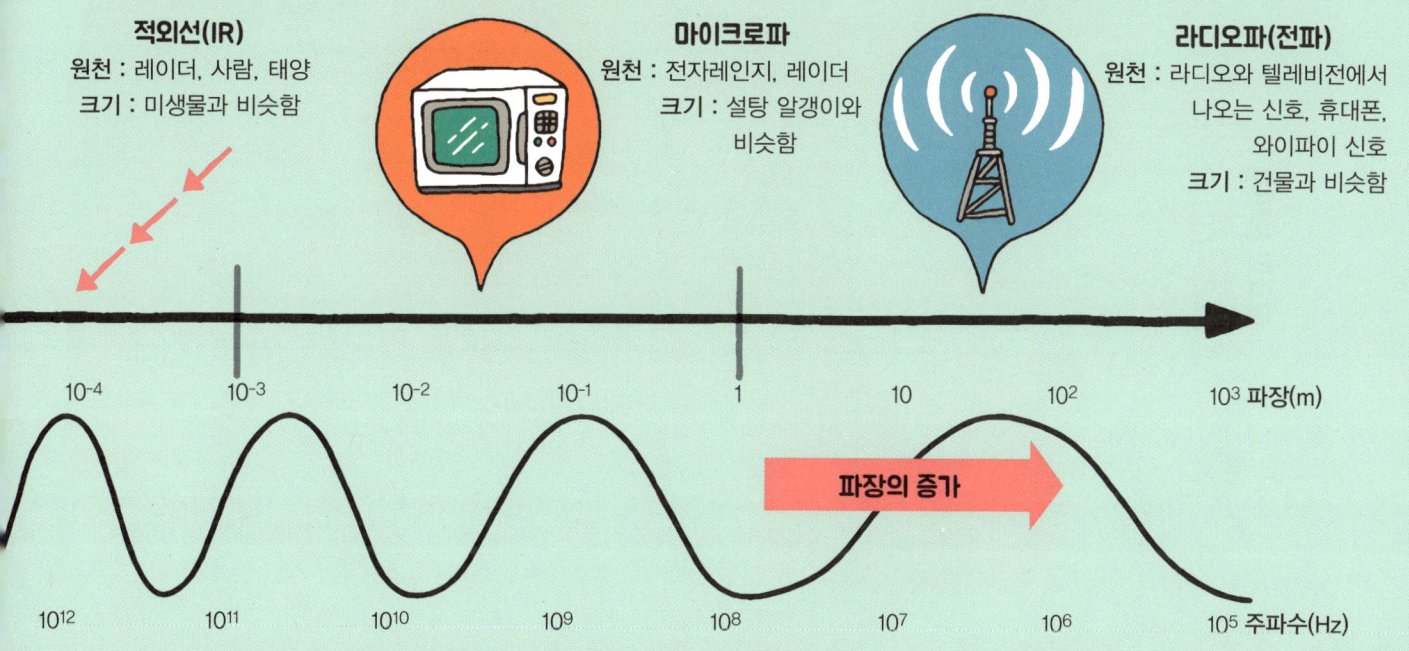

적외선(IR)
원천: 레이더, 사람, 태양
크기: 미생물과 비슷함

마이크로파
원천: 전자레인지, 레이더
크기: 설탕 알갱이와 비슷함

라디오파(전파)
원천: 라디오와 텔레비전에서 나오는 신호, 휴대폰, 와이파이 신호
크기: 건물과 비슷함

파장의 증가

10^{-4} 10^{-3} 10^{-2} 10^{-1} 1 10 10^2 10^3 파장(m)

10^{12} 10^{11} 10^{10} 10^9 10^8 10^7 10^6 10^5 주파수(Hz)

> 처음에는 소용돌이를 제대로 만들기가 어려울 수 있지만 포기하지 말고 계속 시도해 봐요. 스톱워치로 시간을 잴 때 처음 잰 시간과 나중에 잰 시간은 얼마나 다른가요? 둘 중 어떤 경우가 더 빠른가요?

직접 알아봐요

이제 크기가 더 크거나 더 작은 물병으로도 같은 실험을 해 봐요. 다만 2개의 물병은 서로 크기가 같아야 해요. 그래도 항상 같은 결과가 나올까요? 다양한 방식으로 물병을 돌려 봐요. 어떻게 해야 물병에서 물이 빠져나오는 시간이 가장 짧아질까요?

어떤 원리일까?

물은 중력 때문에 아래로 흘러요. 그런데 물을 처음 떨어뜨릴 때 빙글 하고 돌리면 나선 모양으로 물이 흐르지요. 이건 따뜻한 공기가 위로 올라가면서 차가운 공기가 소용돌이치며 아래로 떨어질 때와 비슷해요. 토네이도처럼요!

물의 소용돌이가 빨리 떨어질 때 가까이서 자세히 살펴보면, 흐르는 물의 가운데 부분에 공기가 뚫고 올라가는 구멍이 보여요. 흐르는 물은 그 공기구멍을 둘러싸고 있지요. 이런 경우에는 보통 물병에서 물을 콸콸 따를 때보다 물이 훨씬 빨리 빠져나가요. '콸콸' 소리가 나는 건, 물과 공기가 둘 다 같은 통로를 이용하고 있기 때문이지요. 이 과정에서 공기가 위로 올라갈 때 물은 흐를 수가 없어요. 반대로 물이 흐르면 공기의 흐름이 막히고요. 그래서 계속 소용돌이가 생기는 경우에 비해 물이 빠져나가는 속도가 느려지지요.

거울아, 거울아, 내 모습을 비춰라!

우리가 어떤 물체를 볼 수 있는 이유는 뭘까요? 우리는 나무나 연필, 그리고 이 책을 어떻게 보는 걸까요? 우주에 존재하는 대부분의 물체들은 빛을 내보내지 않아요. 그 물체들을 보려면 물체가 빛을 반사해야 하지요. 우리 눈앞에 벽이 보이는 건 벽이 스스로 빛을 내보내서가 아니에요. 머리 위의 전등이나 창밖 태양에서 오는 빛을 벽이 반사하기 때문이랍니다.

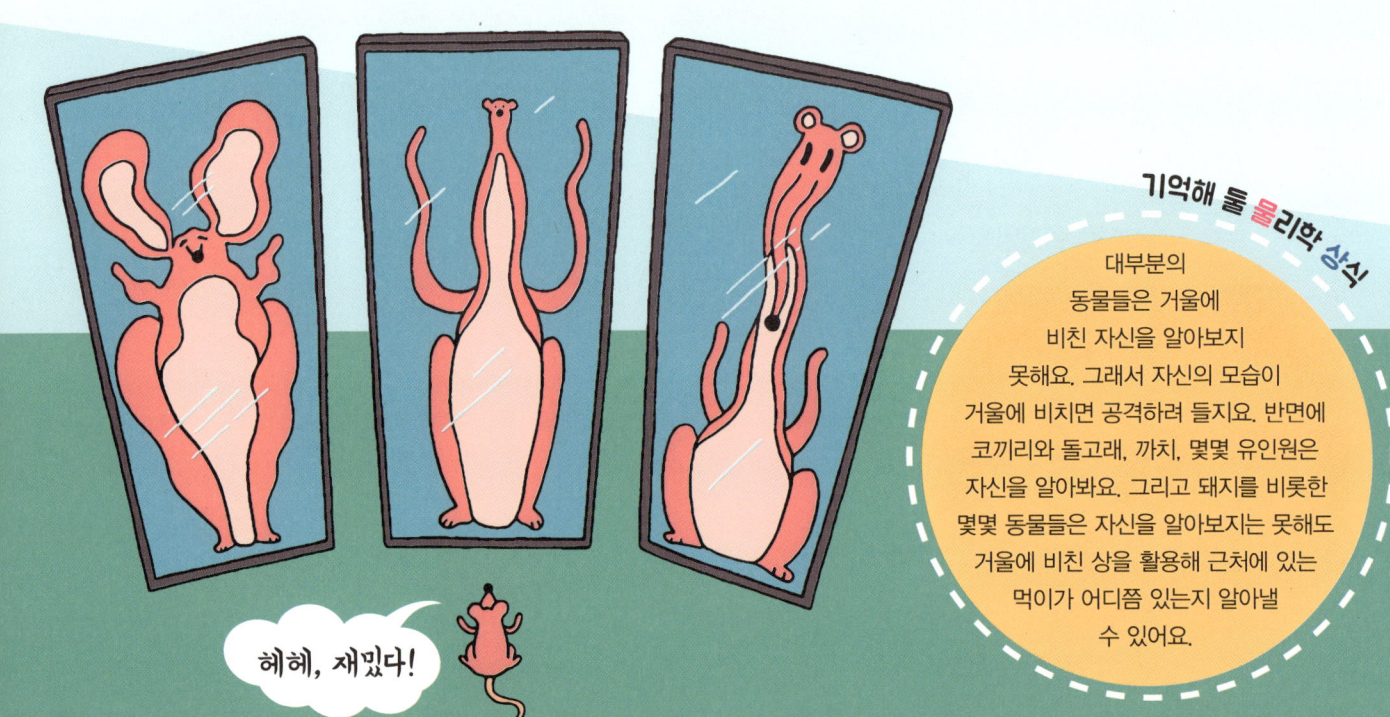

헤헤, 재밌다!

기억해 둘 물리학 상식

대부분의 동물들은 거울에 비친 자신을 알아보지 못해요. 그래서 자신의 모습이 거울에 비치면 공격하려 들지요. 반면에 코끼리와 돌고래, 까치, 몇몇 유인원은 자신을 알아봐요. 그리고 돼지를 비롯한 몇몇 동물들은 자신을 알아보지는 못해도 거울에 비친 상을 활용해 근처에 있는 먹이가 어디쯤 있는지 알아낼 수 있어요.

거울에 반사되는 것들

윤을 낸 금속 표면은 마치 거울 뒤에 입힌 은박층처럼 빛을 반사해요. 금속 표면으로 떨어지는 빛이 반사되는 거지요. 빛이 반사될 때는 언제나 두 종류의 광선이 생겨요. 반사 층 안으로 들어오는 입사 광선과 밖으로 나가는 반사 광선이지요. 반사에 관한 법칙에 따르면, 이 두 가지 광선은 법선을 기준으로 서로 반대 면에 자리해요. 법선이란 두 광선이 거울과 만나는 지점에서 거울 면과 직각을 이루는 가상의 선을 말해요.

입사각과 반사각

반사되는 빛은 모두 입사각과 반사각의 크기가 같아요. 거울 표면에서 빛이 반사되는 것과 마찬가지로, 잔잔한 물 표면에 반사된 빛 역시 선명한 상을 만들어요. 이처럼 선명한 상이 만들어지는 이유는 표면이 무척 편평해서 모든 빛이 같은 방향으로 반사되기 때문이지요. 반면에 물의 표면에 바람이 불어 일렁이면 이 빛은 서로 다른 방향으로 반사돼요. 이런 경우에도 반사의 법칙은 지켜지지만, 표면이 편평하지 않기 때문에 빛은 다양한 각도로 반사되어 상이 흐트러지지요. 몇몇 물체들이 표면은 편평해 보여도 광택이 없는 건 이런 이유 때문이에요. 성능이 좋은 현미경으로 이런 물체를 들여다보면 알 수 있어요. 이런 물체들은 표면이 우툴두툴하답니다.

빛을 구부리기

빛의 파동은 빈 공간을 따라 직선으로 쭉 뻗어 나가요. 하지만 빛이 다른 물질들을 따라 전달될 때 더욱 흥미로운 일이 생기지요. 특히 어떤 물질에서 다른 물질로 이동할 때 그래요. 이런 경우가 그렇게 드문 건 아니에요. 우리가 직접 그런 대상이 되기도 하지요.

혹시 물속으로 들어갈 때 몸이 움직이는 속도가 느려진다는 사실을 눈치챘나요? 모래밭을 최고 속도로 달리다가도 바닷물에 풍덩 빠지면 속도가 줄어들어요. 물속에서 발버둥을 치며 아무리 열심히 달려도 결코 모래밭을 달릴 때 나던 속도가 나지 않아요. 공기에 비해 밀도가 높은 액체는 밀어내기가 어렵기 때문에 움직이는 속도를 늦추기 때문이지요. 빛을 물이나 밀도가 높은 물질에 비추어도 정확하게 똑같은 일이 일어나요. 속도가 줄어들지요. 그것도 아주 크게 줄어드는 경우가 많아요. 이렇게 속도가 변하면 빛이 구부러지는데, 이 현상을 '굴절'이라고 해요.

안녕! 왠지 어딘가 꺾인 것 같은데, 기분 탓일까?

어떤 원리일까?

들판 한가운데로 탱크를 몰고 간다고 상상해 봐요. 만약 들판에 잔디만 있다면 탱크는 쌩쌩 달릴 수 있어요. 그러다가 탱크가 진흙탕에 빠지면 어떤 일이 일어날까요? 바퀴가 비스듬히 빠지면 탱크의 한쪽 가장자리가 먼저 진흙탕에 들어가지요. 진흙에 미끄러져 들어가면서 파인 자국이 생기면, 잔디밭 위보다 길 위를 쉽게 구르지 못해요. 그러면 탱크는 진흙탕 쪽으로 기울지요. 반대로 탱크의 두 바퀴가 전부 진흙탕에 들어가면 직선으로 쭉 이동할 수는 있지만 속도는 줄어들어요. 진흙탕을 벗어날 때도 좌우 양쪽 중에 먼저 벗어난 쪽이 땅과 마찰력이 크기 때문에 움직이는 속도가 빨라지고, 그러면서 탱크 전체가 진흙탕에서 나올 수 있어요. 탱크의 바퀴 양쪽이 진흙탕에서 벗어나면, 곧장 직선으로 움직여 빠져나올 수 있지요.

탱크의 두 바퀴가 진흙에 같이 빠지면 방향을 바꿀 수는 없고 속도가 느려지지요. 빛이 다른 물질을 따라 이동하는 경우도 이렇듯 탱크에 견주어 생각하면 좋아요. 물속에 들어간 물체가 구부러진 듯 보이는 현상도 이런 이유 때문이에요.

구부러지는 빨대와 사람

물이 빛을 구부린다는 사실을 알아챘을 거예요. 빨대를 물이 든 컵 속에 꽂으면 그 모습을 직접 관찰할 수 있어요. 물과 공기가 만나는 지점에서 빨대가 꺾이지요. 이렇듯 빨대가 구부러지는 현상은 물속에서 나타나는 게 아니라 공기와 물이 만나는 지점에서 생겨요. 왼쪽 그림처럼 안이 들여다보이는 수영장에서도 똑같은 일이 벌어져요. 안에 들어간 사람의 머리가 몸에서 꺾여서 잘린 것처럼 보이지요!

틈새를 통해 들여다보기

바닷가 항구에 파도가 들이치는 모습을 본 적이 있나요? 파도가 좁은 틈새로 들어오면 곧장 나아가는 것이 아니라, 곡선을 이루며 계속 이어지지요. 항구의 벽을 치면서 구부러져 들어오는 거예요. 파도가 클수록 곡선이 구부러지는 정도도 커져요. 파도의 파장이 틈새와 같은 크기일 때 곡선이 가장 크게 휘지요.

빛을 전파하기

눈에 직접 보이지는 않지만 빛도 똑같아요. 이 효과를 눈으로 보고 싶다면 틈새의 크기를 파장과 똑같이 맞춰야 하지요. 음파나 파도의 경우에는 틈새의 크기를 맞추기가 쉽지만, 빛은 그렇지 않아요. 틈새의 너비가 0.0000005m는 되어야 해요. 이때 회절이라는 현상이 나타나요. 어둠 속에서 눈을 가늘게 뜨고 가로등 불빛을 바라봐도 비슷한 효과를 얻을 수 있어요. 눈을 감으면 빛이 속눈썹 사이의 좁은 틈새 사이로 밀려들어 오면서 줄무늬가 퍼지지요. 눈을 가늘게 뜰수록 빛은 더 많이 퍼져요. 그러다가 눈을 완전히 감으면 줄무늬가 사라지고요.

작은 틈새

빛이 여러 개의 틈새를 지날 때 나타나는 회절 현상이 가장 흥미로워요. 이런 경우에 빛은 간섭 패턴을 만들어 내요. 파동이 서로 합쳐지는 구역에서는 밝아지고, 파동이 서로 상쇄하는 구역에서는 어두워지기 때문이에요. 이런 현상을 만들어 내는 데 쓰이는 도구를 회절발*이라고 불러요. 회절발은 1mm에 틈새가 몇 개인 것부터 수천 개인 것까지 다양한데, 원자 내부에서 움직이는 전자들이 방출한 빛을 서로 분리하는 데 아주 유용하지요. 원자 각각은 그 안에서 전자들이 돌아다닐 때 방출하는 일정한 범위의 파장이 있어요. 물리학자들은 회절발을 활용해 별 같은 대상이 방출하는 빛을 연구해요. 그러면 그 별에 어떤 원소가 들어 있는지를 알아낼 수 있답니다.

*회절발 : 빛의 회절 현상을 이용하여 스펙트럼을 얻는 장치.

기억해 둘 물리학 상식

모든 종류의 파동은 회절할 수 있어요. 특히 엑스선의 회절은 물체의 원자 구조를 발견하는 데 활용되기도 했지요. DNA의 구조를 알아내는 데도 필수적인 역할을 맡았답니다!

어떤 원리일까?

열에너지는 언제나 에너지가 높은 곳(온도가 높아요.)에서 에너지가 낮은 곳(온도가 낮아요.)으로 흘러요. 이런 열에너지를 더욱 잘 전달하는 물질이 있어요. 만약 어떤 물질이 열에너지를 잘 전달한다면 좋은 열 전도체라고 부르지요. 반대로 열에너지를 잘 전달하지 못하면 열의 부도체라고 해요.

일상생활에서는 열의 전도체와 부도체 둘 다 필요해요. 바깥 날씨가 쌀쌀할 때 따뜻하게 지내려면 재킷을 입고 날씨가 정말 추우면 속을 누빈 패딩을 입어요. 패딩은 훌륭한 열의 부도체이기 때문에 따뜻한 공기가 우리 몸 근처에서 빠져나가지 않도록 단단히 막아 줘요. 반면에 라디에이터는 열의 전도체 역할을 해요. 라디에이터에서 열이 빠져나가 방을 따뜻하게 덥히니까요.

얼음 조각이 녹고 있을 때 컵 받침을 손으로 만져 봐요. 금속 컵 받침이 코르크 컵 받침에 비해 훨씬 차갑다는 사실을 알게 될 거예요. 금속 컵 받침 위의 얼음이 코르크 컵 받침보다 훨씬 빨리 녹지요. 얼음을 손 위에 올리면 그보다 더 빨리 녹고요.

우리 주위의 다양한 재료를 활용해 이 실험을 다시 해 봐요. 금속이나 코르크 컵 받침이 아닌 종이나 양모, 유리잔, 물을 채운 유리잔, 손 위에 얼음을 올려 보는 거예요. 어떤 경우에 얼음이 가장 빨리 녹나요? 또 어떤 경우에 가장 늦게 녹나요? 집에서 찾을 수 있는 가장 훌륭한 열 전도체와 열 부도체는 각각 무엇인가요?

직접 알아봐요!

방사능에 대한 이야기

주기율표에서 이름이 같은 원소라고 해서 언제나 완전히 동일한 건 아니에요. 가끔은 양성자와 전자의 수가 같은 원소라 해도 중성자의 개수가 다를 수 있거든요. 이런 경우를 동위 원소라고 불러요.

19세기 후반의 과학자들은 특정 동위 원소에 대해 아주 뜻밖의 사실을 발견했어요. 시간이 지나면 이 동위 원소에 속하는 원자들이 입자와 방사선을 방출한다는 것이에요. 아무도 그런 일이 일어나리라고는 생각하지 못했어요. 또 과학자들은 이런 경우에 무슨 조치를 취해도 이런 방출을 막을 수 없다는 사실을 발견했어요. 원소에 열이나 전기를 비롯해 어떤 힘을 가하더라도 전혀 소용이 없었어요. 입자와 방사선이 방출되는 현상은 절대 바뀔 수 없는 물질의 속성인 것처럼 보였지요. 이 현상을 방사성 붕괴라고 해요.

세 가지 유형

방사성 붕괴에는 다음과 같은 여러 유형이 있어요.

1 알파 붕괴 : 방사성 붕괴 가운데 가장 묵직한 입자들이 포함돼요. 2개의 양성자와 2개의 중성자가 관여하지요. 양전하를 많이 띠고 있기 때문에 알파 붕괴가 사람의 몸속에서 일어나면 피해가 심해요.

2 베타 붕괴 : 핵 속의 중성자 하나가 양성자와 전자로 붕괴하는 과정이에요. 이때 전자는 핵 속에 머무르다가 원자 밖으로 방출되어요.

3 감마 붕괴 : 고에너지 복사의 한 형태예요. 원자의 질량이나 구조를 변화시키지 않아요.

저런, 불쌍한 야옹아! 또 방사능에 오염된 친구들과 놀다 온 거니?

지금까지 과학자들이 물리학과 화학, 생물학 분야에서 방사능 연구로 12번이나 노벨상을 받았답니다!

쓸모가 많은 방사선

비록 방사성 붕괴의 여러 유형은 각자 다른 방식으로 위험하지만, 사람에게 쓸모 있는 경우도 꽤 많아요. 예컨대 방사능 원소인 우라늄을 특별한 방식으로 활용한 결과 원자력 에너지를 개발할 수 있었지요. 또 의사들은 감마선이 짧은 거리에서 살아 있는 조직을 뚫고 지나가 조직 세포에 영향을 준다는 사실을 발견했어요. 감마선은 세포 속의 중요한 화학 물질 분자의 화학 결합을 파괴할 수 있어요. 이런 성질은 암을 비롯한 여러 질병을 치료하는 데 도움이 되지요.

지질학자들은 방사능을 활용해 바위나 화석의 연대를 알아내는 방법을 개발했어요. 그 결과를 통해 산맥이 얼마나 오래되었는지, 시간이 지나면서 생명이 어떻게 진화했는지에 대한 새로운 정보를 얻을 수 있어요. 방사능에 대한 연구는 원자의 성질에 대해 이해하는 데도 도움을 줘요. 과학자들은 방사능을 통해 에너지와 물질이 어떻게 상호작용을 거쳐 우주의 모든 것을 일궈 냈는지를 연구하고 있어요.

에디슨, 스완, 그리고 전구

사람들은 미국의 발명가 토머스 에디슨(1847~1931)이 전구를 발명했다고 이야기하곤 해요. 하지만 실제로 백열전구를 생산하는 데 큰 진전을 이루고 처음으로 건물을 전기로 환하게 밝힌 사람은 영국의 발명가 조지프 스완이랍니다.

어둠 속의 빛

1800년에 영국의 과학자 험프리 데이비는 아크등을 발명해 처음으로 전기를 활용해 빛을 밝히는 데 성공했어요. 하지만 아크등은 널리 쓰일 만큼 실용적이지는 않았어요. 이때 조지프 스완이 등장했지요. 스완은 사진용 염료를 가지고 일하는 화학자였어요. 시간이 날 때면 실용적인 전등을 만드는 실험을 했어요. 스완은 1850년대 내내 더 좋은 전등을 만들고자 노력한 끝에 1860년에 꽤 성능이 좋은 등을 만들었고 처음으로 특허권*을 얻었어요. 1879년에는 뉴캐슬에서 강연을 했는데, 이때 스완이 만든 전구는 처음으로 공공장소의 건물을 환하게 밝혔어요. 그리고 스완은 영리하게도 당시 영국에서 가장 영향력이 있던 인물인 암스트롱 경의 집에 전구를 설치해 주었어요. 그러자 암스트롱 경은 스완의 발명품을 전 세계의 지도층에게 소개했어요. 머지않아 스완은 자기 회사를 차리고, 1881년까지 전구를 만들어 판매했지요.

1881년 12월에는 스완의 전구가 사보이 극장의 무대를 밝히는 데 쓰였어요. 이후로 몇 년 동안 사보이 극장은 전기로만 무대를 밝히는 전 세계 최초의 공공건물이 되었어요.

*특허권 : 누가 자신의 발명품을 훔쳐가지 않도록 주장하는 권리예요.

어둠 속의 빛

한편, 미국에서는 토머스 에디슨이 스완과는 별도로 전구를 개발하는 중이었어요. 에디슨의 발명품은 스완보다 1년 정도 늦었는데, 영국에서 전등이 만들어졌다는 소식이 미국까지 전해지는 데 시간이 걸렸어요. 그래서 1880~1883년 사이에 에디슨은 자신의 발명품으로 명성을 얻고 특허권을 빼앗을 수 있었어요. 그 뒤 누가 전구를 처음 발명했는지에 대해 스완과 법적인 다툼을 벌인 에디슨은 스완과 회사를 합치기로 했어요. 이렇게 탄생한 '에디스완' 백열전구 회사는 1964년까지 이어졌어요.

"신사 여러분, 왜 서로 힘을 모으지 않죠?"

"내 생각에는 나인 것 같은데, 이 친구야!"

"나, 스완이 전구를 먼저 발명했다고 생각해요!"

기억해 둘 물리학 상식

1882년 11월에 사보이 극장에서는 길버트와 설리번의 〈이올란테〉라는 희가극을 무대에 올렸어요. 이 작품에는 요정들이 나오는데, 스완의 회사에서는 요정 역을 맡은 여자 배우들에게 백열전구로 반짝이는 별빛을 연출해 줬어요. 배우의 머리카락 속에 작은 배터리를 감춰서 작동하게 한 거예요. 덕분에 배우들은 진짜 요정 같았답니다!

압력에 대한 모든 것

어질러진 방을 걸어다니다가 레고 블록을 실수로 밟아 본 적 있나요? 그러면 정말로 아프지요! 그 이유는 블록의 작은 면적 안에 불룩을 밟은 사람의 몸무게가 한꺼번에 실리기 때문이에요. 그러면 블록 위로 엄청난 압력이 가해지니 발은 무척 아프겠지요!

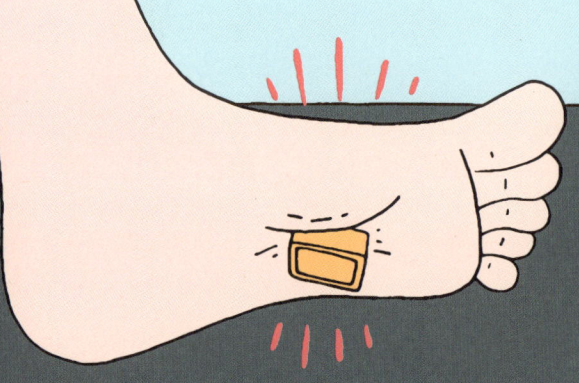

앗, 따가워! 누가 이런 걸 여기에 떨어뜨렸어!

블록을 밟은 사람이 가한 힘을 해당하는 구역의 면적으로 나누면 압력을 구할 수 있어요. 압력을 높이려면 어떻게 하면 될까요? 예컨대 몸무게가 무거운 사람이 블록을 밟는 것처럼 힘을 더욱 세게 가하면 돼요. 또는 더 작은 영역에 같은 힘을 가하면 레고 블록을 밟는 것처럼 되지요. 우리는 일상생활에서 언제나 다양한 종류의 압력을 느낀답니다.

공기의 압력, 기압

사실 생각과는 달리 공기는 꽤 무겁답니다. 지구 대기권을 구성하는 기체는 조그만 분자들로 이루어져 있어요. 이 분자들은 우리 몸에 계속 부딪쳐 오면서 안쪽으로, 아래로 압력을 주어요. 머리 위의 공기 분자들의 무게를 전부 계산해 보면 우리는 늘 작은 자동차를 머리에 이고 다니는 것과 같지요.

이렇게 공기가 누르는 힘을 기압이라고 해요. 기압은 공기 분자가 가장 많은 지표면에서 가장 커요. 지표면에서 높이 올라갈수록 공기 분자의 수는 줄어들고 그에 따라 기압은 훨씬 낮아져요. 공기를 눌러서 압축하는 것도 가능하지요. 탈것의 타이어에 바람을 넣거나 공기 드릴 같은 기계를 작동시킬 때 이런 원리를 활용해요. 62쪽에서 기압에 대한 실험을 찾아보세요.

기억해 둘 물리학 상식

지금껏 사람이 특수 장비 없이 가장 깊이 잠수한 기록은 122m예요. 그리고 장비를 갖추고 가장 깊이 잠수한 기록은 1만 911m예요. 1960년에 마리아나 해구의 챌린저 해연에서 잠수한 기록이지요. 이때 두께가 거의 15cm에 달하는 특수 장비를 사용했답니다.

물의 압력, 수압

물은 압력을 받았을 때 공기와는 다르게 반응해요. 물은 압축되지 않거든요. 이 성질은 기계 속에서 힘을 전달하는 데 유용해요. 이런 방식을 유압이라 불러요. 또한 물은 공기보다 무겁기 때문에, 수압이 커지면 기압보다 사람에게 더 큰 영향을 주어요. 그래서 물속에 들어가면 스노클이나 호흡 장비를 사용해도 숨을 쉬기가 몹시 힘들어요. 물속에서는 머리 위의 물이 모든 방향에서 몸을 내리 누르기 때문에, 폐가 공기를 받아들여 팽창하기가 힘들거든요. 물속으로 깊이 들어갈수록 머리 위에 더 많은 물이 있고, 몸이 견뎌야 하는 압력은 더욱 커지지요.

정전기가 찌리릿!

일상생활에서 어떤 물건을 만졌을 때 따끔하게 전기를 느낀 적이 있나요? 아마 정전기 때문에 전기 충격을 느낀 걸 거예요. 정전기는 어떤 물체의 표면에 전하가 쌓여서 발생해요. 전하가 다른 곳으로 움직이거나 흐르지 않고 제자리에 머무르기 때문에 정전기라고 부르지요.

우리는 일상생활에서 정전기를 매일 접할 수 있어요. 우리 몸에도 정전기가 쌓여요! 예를 들어 풍선을 머리카락에 문질렀다가 머리 위로 들어 올리면 머리카락이 풍선에 달라붙을 거예요. 그리고 가끔은 스웨터를 벗을 때도 정전기가 느껴져요. 가장 잘 알려진 강력한 정전기의 예는 바로 번개예요. 구름과 구름 사이에 전하가 쌓여 있다가 번개와 함께 지표면으로 방출되면서 번쩍거리는 것이랍니다.

어디에나 있는 전하

17쪽에서 원자가 중성자, 양성자, 전자로 이루어져 있다는 사실을 배웠어요. 양성자와 중성자가 한가운데에서 핵을 이루고, 전자는 그 밖에서 주위를 돌고 있지요. 이때 물체의 두 표면이 서로 맞닿아 전자가 한 물체에서 다른 물체로 흐르면 정전하가 만들어져요. 이전에 비해 전자를 덜 갖게 된 물체는 양전하를 띠지만, 이전보다 전자를 많이 갖게 된 물체는 음전하를 띠어요. 이때 물체들을 빠르게 문지르면 전하가 많이 쌓여요. 풍선을 머리카락에 빠르게 문지르거나 발을 카펫에 비비는 것처럼요. 서로 다른 전하를 가진 물체들은 서로 잡아당기지만, 같은 전하를 가진 물체들은 서로 밀어내요. 머리카락이 풍선에 달라붙는 이유는 머리카락을 풍선에 문지를 때 쌓였던 마찰력이 머리카락에 양전하를 일으켰고, 풍선에는 음전하를 일으켰기 때문이에요. 그러면 머리카락 전체가 같은 전하를 가지기 때문에 머리카락 끼리는 서로 밀어내려 해요. 동시에 음전하를 띤 풍선에 이끌리고요. 그 결과 머리카락은 쫙 펼쳐져서 풍선에 달라붙지요.

유용한 전하

정전기는 사실 다양한 산업 분야에서 유용하게 활용돼요. 프린터와 복사기는 정전하(움직임이 없는 전하)를 활용해 특수 잉크를 종이 위로 끌어당겨요. 페인트 분무기, 공기 여과기, 먼지 제거기 등에도 정전기가 활용되지요.

기억해 둘 물리학 상식

정전기는 우리에게 피해를 주기도 해요. 예컨대 컴퓨터에 들어 있는 전자 칩은 정전기에 무척 민감하게 반응하지요. 그래서 컴퓨터는 예상하지 못한 전기 충격에 노출되지 않도록 특별한 방식으로 보호한답니다.

앗, 따거워!

힉스 입자를 찾아 나서는 탐험

물리학자들은 언제나 우주를 단순하게 파악하려고 애써요. 길고 장황한 설명보다는 수학 방정식을 통해 가능한 우아하게 표현하려 하지요. 이 책에는 물리학자들이 우리를 둘러싼 세계에 대해 만들어 낸 이론들의 사례가 가득해요. 관찰과 경험에 바탕을 둔 이론이지요. 하지만 가끔은 이런 설명이 충분하지 않을 때가 있어요. 우리가 관찰하는 세상을 제대로 설명할 수 없는 경우들이지요.

질량이란 무엇일까?

약 반 세기 전에 피터 힉스를 비롯한 몇몇 물리학자들은 물리학의 어떤 기본적인 속성이 어디서 왔는지 그 기원을 알아내고자 애썼어요. 바로 질량이었지요. 현미경으로 들여다보면 어떤 물체의 질량은 원자에서 비롯해요. 그런데 그 원자들 또한 근본적인 입자인 전자와 쿼크로 이뤄지지요. 그렇다면 이 근본적인 입자들의 질량은 어디서 왔을까요? 표준 모형은 질량을 설명하지 못했어요. 처음 근본 입자들의 움직임에 대해 모형을 만들 때 물리학자들은 퍼즐 하나를 발견했어요. 계산을 할 때 질량을 제거하면 방정식이 완벽하게 맞아떨어지는 거예요. 하지만 물리학자들이 아는 바에 따르면 입자들은 질량을 갖고 있었지요. 만약 질량을 포함해 설명하려 하면 방정식들은 엉망진창이 되어 버렸어요. 그 방정식을 풀려고 애쓰면 복잡해지고 모순이 생겼어요.

힉스장

그런 상황에서 힉스는 다음과 같은 아이디어를 내놓았어요. 방정식에 질량을 포함시키지 말자는 거였지요. 완벽하고 대칭적인 방정식을 얻는 대신에 방정식을 조금 이상한 환경에서 다루는 거예요. 모든 공간이 보이지 않는 성분으로 균일하게 채워졌다고 상상해 봐요. 이제 그 환경은 힉스장이라 불려요. 힉스장은 자기를 뚫고 지나치는 모든 입자들에게 끌어당기는 힘을 가해요.

힉스에 따르면, 어떤 입자의 속도가 높아지면 이 끌어당기는 힘이 저항력처럼 느껴질 거예요. 이 경우에 저항력은 입자의 속도를 높이지 못하게 하는 힘처럼 해석되고, 그래서 입자의 질량처럼 느껴져요. 예를 들어 수영장 바닥에 무거운 벽돌이 가라앉아 있다고 상상해 봐요. 물속에서 벽돌을 밀면 물 밖에서보다 훨씬 무겁게 느껴지지요. 벽돌이 물과 상호 작용하는 방식이 벽돌에 질량을 효과적으로 더한 셈이에요. 힉스장에 푹 잠겨 있는 입자에도 똑같은 일이 벌어지지요.

힉스 입자 발견하기

과학자들은 대형 강입자 충돌기(LHC)에서 양성자를 서로 부딪쳐 더 작은 입자들을 발견하려 해요. 이 실험의 주된 목표는 그동안 베일에 싸였던 힉스 입자를 찾는 거였어요. 이 목표를 이루고자 LHC의 성능을 높였어요. 2012년에는 물리학자들이 정말로 LHC에서 힉스 입자를 발견해 전 세계를 깜짝 놀라게 했지요. 그리고 피터 힉스는 2013년에 노벨상을 받았답니다.

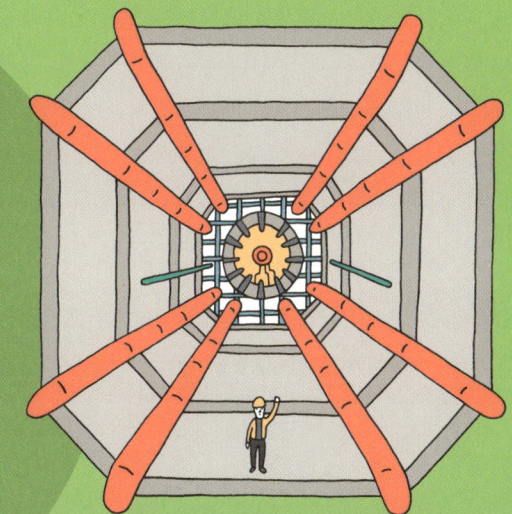

모든 건 다 상대적이야

1887년에 과학자인 마이켈슨과 몰리는 지구가 우주 공간에서 움직이는 속도를 측정하고자 했어요. 그 과정에서 이들은 빛의 속도를 측정했지요.

두 사람은 왜 이런 작업을 한 걸까요? 폭풍우 속에 서 있다고 한번 상상해 봐요. 등 뒤로는 바람이 쌩쌩 불고 있어요. 이때 달리기 시작하면 비가 세차게 등에 떨어지지요. 하지만 가만히 있을 때보다 등에 떨어지는 비가 약간 느려질 거예요. 이런 상황에서 과학자들은 빗방울이 상대적으로 속도가 느리다고 말해요. 반대로 뒤돌아서서 비가 내리는 방향으로 달리면, 가만히 서 있을 때보다 비가 더 세게 들이부을 거예요. 과학자들에 따르면 이때 빗방울은 상대적으로 속도가 빨라요.

한때 과학자들은 빛이 이렇듯 폭풍우 속의 빗방울처럼 행동한다고 생각했어요. 지구가 태양의 주변을 돌고 태양이 은하 주위를 돈다면, 이 천체들이 우주에서 얼마나 빨리 움직이는지 속도를 측정할 수 있다고 여겼지요. 빛의 속도가 얼마나 달라졌는지 알기만 하면 될 뿐이었어요.

과학자들은 정말로 이렇게 실험을 해 봤어요. 하지만 어딘가 아주 이상하다는 사실을 발견했지요. 빛의 속도가 어떤 상황에서도 변하지 않았던 거예요. 태양 주변을 따라 어느 방향으로 움직이고 있든 상관없이 속도가 일정했거든요.

시간은 절대적일까?

다시 말해 과학자들은 빛이 빗방울처럼 행동하지 않는다는 사실을 발견했어요. 사실은 우주의 어떤 존재와도 비슷하지 않았어요. 얼마나 빠르게, 어떤 방향으로 움직이든 간에 빛의 속도는 언제나 같았지요. 이 결과는 과학자들의 예상과 굉장히 달랐어요. 그래서 알베르트 아인슈타인은 특수 상대성 이론을 통해 이 현상을 설명하고자 했어요.

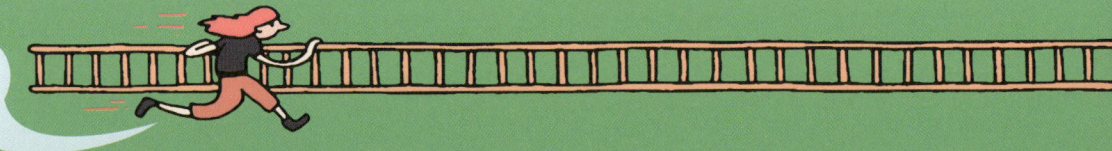

이 사다리는 절대 다 들어가지 않을 것 같아!

느려지는 시간

아인슈타인은 이런 현상이 오직 한 가지 방식으로만 설명된다는 사실을 알았어요. 시간이 느려진다는 거였지요.

폭풍우의 예로 다시 돌아가요. 빗속을 달리고 있는데 빗방울의 속도가 예전과 변함없는 경우가 언제일까요? 비를 피해 달릴 때 시간이 느려진다면, 빗방울은 속도가 빨라진 것처럼 보일 거예요. 그러면 예전과 정확히 똑같은 속도로 등을 내리치는 것처럼 느껴지겠지요.

과학자들은 이런 현상을 '시간 지연'이라고 불러요. 우리가 얼마나 빨리 움직이든, 시간이 느려지기 때문에 우리는 빛의 속도를 이전과 똑같이 측정할 수 있지요.

기억해 둘 물리학 상식

물체의 속도가 무척 빨라지면 물체의 길이도 영향을 받아요. 물체는 평소보다 짧은 것처럼 보이지요. 길이가 100m인 우주선이 빛 속도의 절반으로 우리 곁을 지나간다면, 그 길이는 87m인 것처럼 보일 거예요. 그리고 우주선의 속도가 빛 속도의 95%로 더 빨라진다면, 우주선은 겨우 31m인 것처럼 보인답니다! 물론 이건 전부 상대적이에요. 우주선에 탄 사람들이 봤을 때는 우주선이 여전히 100m로 느껴지니까요.

> 인터넷에서 '사다리와 헛간 역설'을 검색해 봐요. 그러면 사다리를 헛간에 들어가게 하는 여러 가지 방법을 알 수 있어요!

나만 믿어!

④ 오븐용 장갑을 끼고 병을 천천히 돌려 소용돌이를 일으킨 다음, 물을 싱크대에 버려요.

⑤ 병이 완전히 비면 마개를 끼워서 단단히 잠가요.

⑥ 이제 병을 가만히 놔두고 지켜봐요.

플라스틱 병은 몇 분 안에 저절로 우그러질 거예요.

어떤 원리일까?

　뜨거운 물이 병에 들어가면 병 속에는 에너지가 전달돼요. 그러면 병 안의 공기 분자가 더 큰 에너지를 갖게 되고 병 안쪽의 압력이 커지지요. 그런데 이 여분의 에너지는 몇몇 분자를 탈출하게 만들기도 해요. 이제 뜨거운 물을 따라 내면 공기 입자는 식기 시작해요. 그러면서 에너지를 잃고 더 이상 활발하게 돌아다니지 못해요. 그 결과 병 속의 압력은 점점 떨어져서 병 밖의 압력보다 낮아져요. 이때 병 위쪽이 마개로 막혀 있기 때문에 공기 입자는 병 안으로 들어오지 못하지요. 그러면 병 바깥의 공기가 병에 압력을 가하면서 병은 우그러져요. 병 안쪽의 압력이 바깥쪽의 압력과 같아질 때까지요.

직접 알아봐요

다양한 플라스틱 병을 갖고 같은 실험을 해 봐요. 어떤 병을 사용했을 때 결과가 가장 잘 나타나나요? 뜨거운 물의 양이나 물을 따르는 방식을 다르게 하면 결과에 영향을 줄까요? 병을 가장 빨리 우그러지게 하는 방법은 무엇일까요?

명사수와 원숭이

과학자들은 복잡하고 어려운 개념을 좀 더 잘 이해하고 설명하기 위해 머릿속에서 사고 실험을 해요. 다음에 설명할 내용은 실제로 했던 실험이 아니라 어떤 일이 벌어질지 과학자들이 머릿속으로 상상해 본 결과랍니다.

이 사고 실험은 꽤 잘 알려져 있는 것처럼 보이지만 여전히 헷갈리는 한 주제에 대해 다뤄요. 바로 중력이에요.

총을 든 사수 한 명이 치료를 받아야 하는 원숭이 한 마리에게 마취총을 쏘기 위해 동물원에 갔어요. 동물원에 도착한 사수는 우리의 가장 멀리 떨어진 끝 나뭇가지에 매달린 원숭이를 발견했지요. 하지만 사수는 방아쇠를 당기면 원숭이는 반사적으로 나뭇가지에서 뛰어내릴 거라는 사실을 알았어요. 다시 말하면 마취총이 발사되자마자 원숭이는 땅을 향해 자유 낙하를 할 게 분명했어요.

어떻게 하면 될까?

그렇지만 사수가 잘 모르는 사실이 있었어요. 마취총이 발사된 이후에 얼마나 빨리 나아갈지에 대한 정확한 속도였어요. 이 모든 사실을 염두에 두면, 사수는 원숭이를 맞히기 위해 어디를 겨눠야 할까요?

다음과 같은 세 가지 선택이 있어요.

1. 원숭이 위쪽을 겨눈다.

2. 원숭이를 직접 겨눈다.

3. 원숭이 아래쪽을 겨눈다.

직관적으로 생각해 보면 원숭이 아래쪽을 겨눠야 할 것 같아요. 마취총이 무척 빨리 날아간다면요. 원숭이를 바로 겨누거나 살짝 위를 겨누면, 마취총은 원숭이의 머리 위를 쌩 지나갈 듯하니까요. 하지만 틀렸어요. 정답은 다음과 같답니다.

2 원숭이를 직접 겨눈다.

일단 마취총에서 마취약이 발사되면 마취약에 가해지는 주된 힘은 하나예요. 바로 중력이지요. 공기의 저항은 마취약의 운동에 영향을 줄 만큼 크지 않아요. 또한 중력은 원숭이가 뛰어내린 이후에 원숭이에게 가해지는 유일한 힘이기도 해요.

중력에서 비롯한 일정한 가속도는 원숭이와 마취약에 똑같은 방식으로 영향을 미쳐요. 그 결과 마취약은 사수가 애초에 겨눈 지점보다 살짝 아래로 빗겨 떨어지게 될 거예요. 그리고 마취약이

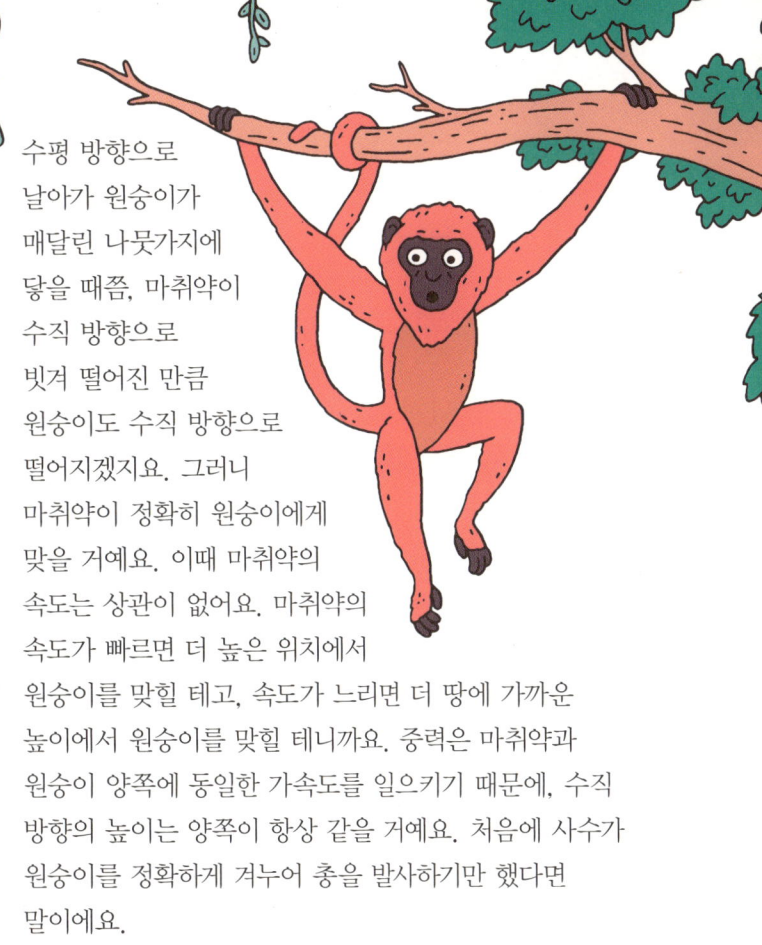

수평 방향으로 날아가 원숭이가 매달린 나뭇가지에 닿을 때쯤, 마취약이 수직 방향으로 빗겨 떨어진 만큼 원숭이도 수직 방향으로 떨어지겠지요. 그러니 마취약이 정확히 원숭이에게 맞을 거예요. 이때 마취약의 속도는 상관이 없어요. 마취약의 속도가 빠르면 더 높은 위치에서 원숭이를 맞힐 테고, 속도가 느리면 더 땅에 가까운 높이에서 원숭이를 맞힐 테니까요. 중력은 마취약과 원숭이 양쪽에 동일한 가속도를 일으키기 때문에, 수직 방향의 높이는 양쪽이 항상 같을 거예요. 처음에 사수가 원숭이를 정확하게 겨누어 총을 발사하기만 했다면 말이에요.

유명한 물리학자들 II

마리 퀴리(1867~1934)

마리 퀴리는 폴란드 출신의 물리학자이자 화학자예요. 방사능에 대한 획기적인 연구를 했어요.

여성 최초로 노벨상을 수상한 과학자이기도 해요. 1903년에 남편인 피에르 퀴리, 앙리 베크렐과 함께 방사능에 대한 연구로 노벨 물리학상을 받았어요. 그뿐만 아니라 노벨상을 두 번이나 받은 최초의 과학자이기도 해요. 여성으로서도 최초고요. 서로 다른 분야에서 각각 노벨상을 받은 사람은 마리 퀴리가 유일해요. 1911년에 받은 노벨상은 폴로늄과 라듐이라는 원소를 발견한 공로로 화학 분야에서 받은 상이니까요.

하지만 마리 퀴리는 방사능에 노출되어 생긴 희귀한 혈액 질환으로 사망했어요. 당시에는 방사능의 위험성이 잘 알려지지 않았거든요. 1890년대에 퀴리가 사용했던 공책은 지금도 방사능 수치가 너무 높아서 맨손으로 만지기 위험할 정도랍니다. 요리책까지도요.

> 사람에 대한 호기심을 줄이고 대신 아이디어에 대해 호기심을 가지세요.

기억해 둘 물리학상식

퀴리 집안 사람들은 과학 분야에서 4개의 노벨상을 받았답니다. 2개는 마리 퀴리가, 1개는 남편 피에르가, 나머지 1개는 장녀인 이렌 졸리오 퀴리가 받았지요. 뿐만 아니라 사위인 앙리 라부이스는 노벨 평화상을 받았어요!

리제 마이트너(1878~1968)

리제 마이트너는 오스트리아에서 태어난 물리학자로 방사능의 메커니즘에 대한 획기적인 연구를 했어요. 마이트너의 작업은 핵분열 과정을 설명하는 데 도움을 주었지요. 비록 노벨상을 받지는 못했지만 마이트너는 방사능과 핵물리학 분야에서 손에 꼽히는 과학자예요. 프로트악티늄이라는 원소를 발견하는 데도 공을 세웠답니다.

1942년 리제는 원자 폭탄을 만드는 맨해튼 프로젝트의 일부를 담당해 달라며 초대를 받았지만 거절했어요. 무기를 만들고 싶지는 않았거든요. 1980년대까지도 여러 대학을 돌아 다니며 강연 활동을 하다가 1968년 런던에서 89세로 세상을 떠났답니다.

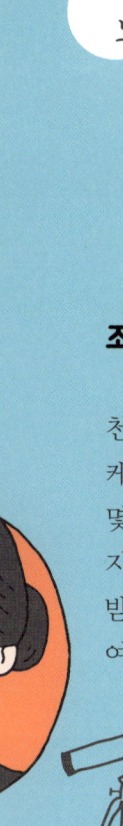

내 연구는 폭탄하고는 상관이 없어요!

과학은 세상을 이해하려는 노력이에요.

조슬린 벨 버넬(1943~)

영국의 천체물리학자 조슬린 벨 버넬은 오늘날 천문학 분야를 이끄는 여성 과학자예요. 케임브리지 대학의 박사 과정 학생이던 1967년에 몇몇 펄서를 발견했지요. 하지만 1974년에 조슬린의 지도 교수들이 그 발견에 대한 공으로 노벨상을 받았지만 조슬린은 수상하지 못했어요. 그래도 여전히 조슬린은 활발하게 연구를 계속하면서 전 세계를 돌아다니며 강연을 해요. 그리고 더 많은 여성들이 과학 분야에 뛰어들어야 한다며 캠페인을 벌이고 있지요.

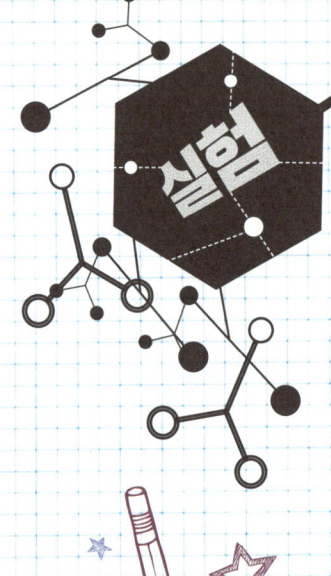

바늘구멍 사진기 만들기

5분 만에 멋진 사진기를 만들 수 있다면 믿어지나요? 만들기 쉬운 데다 세상을 거꾸로 바라볼 수도 있답니다. 아래의 설명을 따라 만들면 돼요. 자기도 모르는 사이에 세상을 완전히 새로운 방식으로 볼 수 있어요.

어떻게 하면 될까?

① 프링글스 과자 통의 뚜껑을 벗겨요.

② 통을 한 바퀴 돌려 가며 선을 그어요. 바닥에서 약 8cm 올라간 지점이 좋아요.

③ 선을 따라 칼로 통을 잘라 내요. 손가락을 베지 않게 조심해야 해요!

④ 아래쪽 통의 잘린 끄트머리에 뚜껑을 씌워요.

⑤ 이제 아까 잘랐던 통의 일부를 집어 들어 뚜껑 윗부분에 다시 갖다 대요. 그러면 중간에 뚜껑이 끼어 들어간 원래 과자 통처럼 보일 거예요.

⑥ 테이프로 전체를 고정시켜요. 통의 바깥쪽에만 테이프를 붙여요.

필요한 준비물

- 텅 비고 깨끗한 프링글스 과자 통
- 펜, 연필
- 튼튼한 커터 칼(칼을 쓸 때는 위험하니 조심히 다루어요.)
- 뗐다 붙였다 하는 테이프
- 포일
- 압정

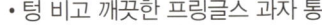

⑦ 통에 포일을 단단히 감아요. 포일의 한쪽 가장자리를 통의 옆면에 붙인 다음 두 번 이상 둘둘 감아 주면 돼요. 그 다음 풀린 포일의 가장자리를 통에 붙여요.

⑧ 마지막으로 압정을 사용해 프링글스 통의 반짝이는 금속제 바닥 한가운데에 구멍을 하나 뚫어요.

한쪽 눈을 감고 사진기 통의 열린 쪽 끝을 다른 쪽 눈에 대요. 이제 밖에 나가 세상을 관찰해 봐요. 완전히 새로운 모습으로 보일 거예요.

어떤 원리일까?

바늘구멍 사진기는 기원전 1000년경에 처음 사용되었어요. 이때부터 풍경의 또렷한 이미지를 얻는 단순한 방식으로 쓰였지요. 어떤 물체에서 나온 빛은 바늘구멍을 통과해 사진기의 막 위에 상을 만들어요. 아래 위가 뒤집혔고 색이 입혀진 상이지요. 이런 상이 만들어지는 이유는 물체의 어떤 한 점에서 온 빛이 막의 특정 지점에 닿기 때문이랍니다. 바늘구멍이 렌즈 역할을 하기 때문에 다른 렌즈는 필요하지 않고, 이 사진기는 항상 초점이 맞아요.

직접 알아봐요

바늘구멍의 크기는 무척 중요하고 만들어진 상에도 영향을 줘요. 구멍의 크기를 다르게 해서 사진기를 여러 개 만들어 봐요. 구멍을 여러 개 뚫어도 괜찮아요! 그러면 상은 어떻게 달라질까요? 구멍을 어떻게 뚫었을 때 가장 잘 보이나요?

흑체와 양자 물리학

오븐에 케이크를 구우면 조리 과정에서 점점 뜨거워져요. 오븐 안에 지나치게 오래 놔두면 케이크는 검게 타 버릴 거예요. 만약 오븐의 온도가 지나치게 높으면 불이 붙을 수도 있고요. 그런데 케이크를 오븐에서 언제 꺼내든 간에, 케이크에서 열기가 뿜어져 나오는 걸 느낄 수 있지요. 오븐이 뜨거우면 뜨거울수록 케이크도 더 뜨겁지요. 물리학자들의 표현에 따르면 케이크는 열의 형태로 에너지를 방출하고 있는 것이랍니다.

에너지 측정하기

케이크에서 나오는 모든 복사선의 크기를 잴 수 있는 기계가 있다면, 대부분의 복사선은 케이크의 온도에 기여한다는 사실을 알게 될 거예요. 하지만 전자기파 스펙트럼의 다른 영역에서 방출되는 다른 에너지들도 존재해요. 이것을 물체의 스펙트럼이라고 불러요. 그런데 뜨거운 물체의 스펙트럼은 한동안 물리학으로는 잘 설명되지 않았어요.

고전 물리학이 설명할 수 없는 것

이 문제를 해결하기 위해 물리학자들은 사고 실험을 했어요. '흑체'라는 존재를 상상해 본 거예요. 흑체는 빛을 흡수하기만 하고 반사하지는 않는 대상이에요. 그러니 완전히 까맣게 보이지요. 흑체는 어떤 온도에서 복사하기만 하고 에너지를 잃지는 않아요. 다시 말해 완벽하게 뜨거운 물체였어요. 이렇듯 흑체의 스펙트럼을 생각하면 고전 물리학으로는 그 존재를 도저히 설명할 수가 없었어요.

기억해 둘 물리학 상식

양자 물리학이 없었다면 이론적으로 태양은 폭발하고 말아요. 왜냐고요? 고전 물리학만 따른다면 태양은 에너지가 양자화되지 않고 높은 빛을 무한정 방출하면서 산산조각 날 테니까요!

양자 물리학의 탄생

이 아이디어는 혁명적이었어요. 플랑크는 어떤 물체 속의 에너지가 어떤 값이든 가질 수 있는 건 아니라고 주장했어요. 대신 에너지는 특정한 값, 다시 말해 양자화된 값만 가질 수 있었어요. 에너지가 쪼개져 양자화된다는 이 아이디어는 양자 물리학의 탄생으로 이끌었어요. 그리고 우리가 원자 내부에서 어떤 일이 벌어지는지에 대해 이해할 수 있게 해 주었지요.

띄엄띄엄 분포하는 에너지

고전 물리학에 따르면 에너지는 연속적이에요. 어떤 값이든 가질 수 있었지요. 하지만 물리학자들이 흑체에 대해 설명하려고 하자 이런 생각이 틀렸다는 사실이 드러났어요. 독일의 이론 물리학자 막스 플랑크는 에너지가 연속적이지 않다고 주장했어요. 대신 띄엄띄엄 정해진 값을 가진다고 했어요. 이때 에너지가 가질 수 있는 값을 구한다면 에너지의 스펙트럼을 만드는 셈이에요.

핵분열이란 무엇일까?

전기를 생산하는 일은 거대한 산업이에요. 전 세계 모든 나라들이 전기를 필요로 하기 때문이지요. 전기에 대한 수요는 나날이 늘어나고 있어요.

발전소는 연료가 석탄이든, 천연가스든, 핵에너지든 상관없이 대부분 똑같은 원리로 움직여요. 물을 데워서 수증기로 만드는 거예요. 그러면 이 수증기는 터빈을 돌리고 터빈이 돌아가면서 전기가 만들어져요. 그중에서 원자력 발전소는 핵분열을 통해 에너지를 만들어 내요. 핵분열이란 어떤 원자가 더 작은 구성 요소로 쪼개지는 과정이지요. 이 과정은 사실 아주 드물게 일어나며, 정상적인 환경에서는 핵분열을 겪는 원자가 거의 없어요. 이 과정이 안전하게 끝나기도 쉽지 않고요.

특별한 조치

이런 핵분열을 일으키는 원자 가운데 가장 유명한 원자는 우라늄 235(U-235 : 원자량이 235인 우라늄의 동위 원소)예요. 그런데 U-235가 우라늄의 유일한 동위 원소는 아니에요. 가장 흔한 동위 원소는 U-238이지만 U-235만이 핵분열을 일으켜요. 그렇기 때문에 U-235는 핵분열을 일으키지 않도록 좀 더 양이 풍부한 U-238 원자와 분리되어야 해요. 하지만 이런 분리 과정이 까다롭고 돈이 많이 들기 때문에 많은 나라들은 원자력 발전 또는 핵무기 개발을 할 수가 없답니다.

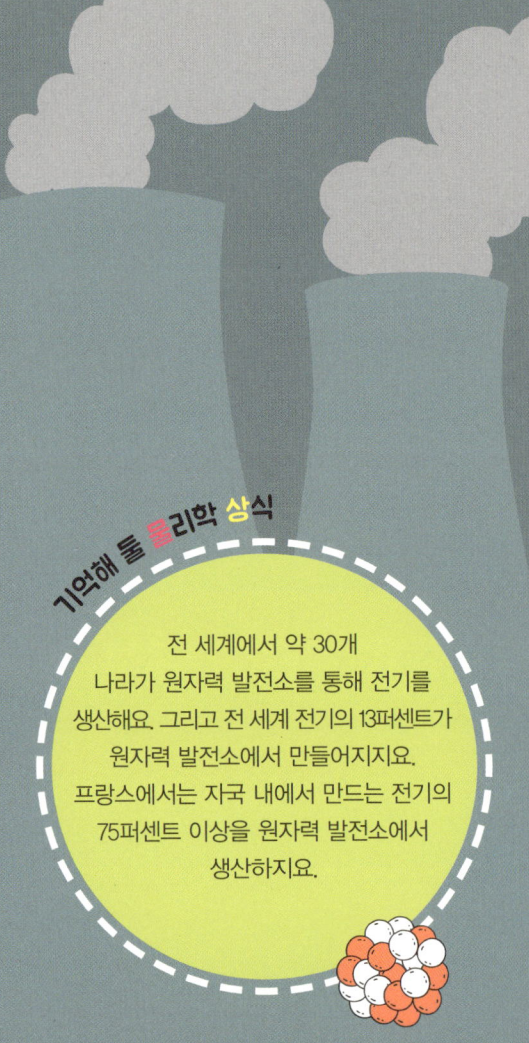

기억해 둘 물리학 상식

전 세계에서 약 30개 나라가 원자력 발전소를 통해 전기를 생산해요. 그리고 전 세계 전기의 13퍼센트가 원자력 발전소에서 만들어지지요. 프랑스에서는 자국 내에서 만드는 전기의 75퍼센트 이상을 원자력 발전소에서 생산하지요.

중성자

U-235의 핵

U-235의 핵은 더 작은 핵으로 나뉘고 중성자가 여럿 방출돼요.

중성자

중성자

에너지

중성자들이 계속해서 더 많은 U-235의 핵에 부딪혀요(연쇄 반응).

연쇄 반응 만들기

핵반응이 일어날 때 과학자들은 U-235를 향해 중성자들을 잔뜩 쏘아요. 어떤 중성자 하나가 핵에 부딪히면 원자는 중성자를 흡수해 U-236이 돼요. 하지만 U-236 원자는 불안정하기 때문에 쪼개져 버려요. 쪼개지면서 이 원자는 3개의 중성자와 많은 에너지를 방출하지요. 이 에너지가 물을 데워서 수증기를 만들고, 중성자들은 근처에 있던 다른 U-235 원자 3개에 부딪혀 U-236을 만들어요. 이 주기가 반복되면서 반응은 3배씩 점점 커져요.

이 반응은 일단 시작되면 저절로 지속되는 연쇄 반응이에요. 연쇄 반응 가운데서도 점점 규모가 커지고, 통제되지 않는 연쇄 반응이지요. 충분한 상태에서 U-235를 이렇게 계속 놓아두면, 에너지는 점점 커져서 결국 거대한 폭발을 일으킨답니다! 폭발을 막기 위해서는 원자로에 감속재가 필요해요. 감속재는 자유로이 움직이는 중성자의 일부를 흡수해 반응의 속도를 조절해요. 그래야 반응이 걷잡을 수 없이 커지지 않지요.

핵융합이란 무엇일까?

핵융합은 핵분열의 정반대 과정이에요. 핵분열이 일어날 때는 무거운 핵이 더 작은 핵으로 쪼개지지요. 하지만 핵융합이 일어나면 가벼운 핵이 서로 융합해 더 무거운 핵이 돼요.

핵융합 과정은 태양에 에너지가 공급되는 과정이기도 해요. 태양에서는 핵융합이 계속 이어지면서 수소-1(양성자 하나와 전자)이 헬륨-4로 융합돼요. 그 과정에서 엄청나게 많은 에너지가 뿜어져 나오지요. 최초의 인공적인 핵융합 실험은 수소 폭탄이었는데, 1952년에 미국 군대가 처음으로 만들었어요. 수소 폭탄 하나는 보통의 원자 폭탄에 비해 약 1,000배나 강력해요.

오늘날의 과제

지난 50년 동안 과학자들의 목표는 핵융합 반응에서 에너지를 통제해 가면서 방출하는 거였어요. 핵융합 반응에서 에너지가 천천히 방출될 수 있다면, 전기를 생산하는 데 활용할 수 있기 때문이었지요. 그리고 우리가 처리해야 할 폐기물이 없거나 공기를 오염시키지 않는 에너지를 무제한으로 공급할 수 있을 거예요. 헬륨은 환경을 오염시키지 않으니까요.

하지만 이런 목표를 달성하기 위해서는 다음과 같은 세 가지의 문제를 해결해야 한답니다.

> **기억해 둘 물리학 상식**
>
> 물리학자들은 이미 핵융합로를 만들었어요. 하지만 지금은 핵융합로가 만들어 내는 에너지보다 그것을 작동시키는 데 더 많은 에너지가 필요해요. 그래도 그동안 기술이 많이 발전해서 앞으로 수십 년 안에 어느 정도 실용성이 있는 제품이 나올 거예요.

1 온도

핵융합은 시작하는 데만 엄청난 양의 에너지가 필요해요. 보통 열을 통해 에너지를 공급하지만, 반응을 시작하는 데는 무척 많은 양의 열이 필요하지요. 과학자들에 따르면 수소 동위 원소의 샘플을 가열하는 데 약 4,000만 도가 필요해요. 이 온도는 태양 중심부보다도 더 높아요! 아직까지 과학자들은 이 온도까지 올리는 데 성공하지 못했답니다.

2 시간

핵융합이 시작되려면 전기를 띤 원자의 핵들이 서로 충분히 가깝게 오랜 시간 머물러야 해요. 과학자들에 따르면 뜨거워진 기체 또는 플라스마를 1초 동안 가까이 묶어 놓아야 하지요. 오늘날까지 이 정도의 시간은 달성하지 못했답니다.

3 용기

지금까지 핵융합 반응에 필요한 재료를 무척 높은 온도에서 온전히 담아 두는 물질이 발견되지 않았어요. 그래서 과학자들은 다른 선택지를 살펴야 해요. 플라스마는 전하를 가졌기 때문에, 플라스마를 담아 두기 위해서는 자기장이 필요해요. 마치 자석으로 만든 병처럼요. 게다가 병의 내용물이 새면 반응이 일어나지 않아요. 과학자들은 아직 플라스마가 새지 않게 담아 둘 자기장을 만들지 못했지요.

서로 밀거나 끌어당기는 자석

자석은 우리가 과학 공부를 할 때 아마 처음으로 했던 과학 실험의 재료였을 거예요. 냉장고에 붙은 자석을 갖고 놀거나, 자석을 뗀 다음 얼마나 가까이 가져가야 서로 밀치는지를 알아보는 것 말이에요. 자석은 수천 년 동안 사용되어 왔어요. 하지만 과학자들이 자석이 어떻게 작용하는지를 이해하고 구성 입자들의 구조를 알게 된 건 얼마 되지 않았답니다.

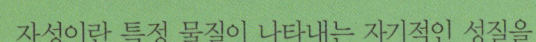

자성이란 특정 물질이 나타내는 자기적인 성질을 말해요. 대부분의 물체에서는 전자가 무작위로 서로 방향을 달리해서 돌기 때문에 각자가 내보내는 힘을 상쇄하지요. 하지만 자석은 이와 달라요. 자석의 분자들은 독특하게 배열되어 있어서 그 안의 전자들은 같은 방향으로 회전한답니다. 이런 원자의 배열은 자석에서 2개의 극을 만들어요. 북쪽을 향하는 극과 남쪽을 향하는 극이지요.

> 미안해,
> 하지만 너에게는 도저히
> 끌리지가 않아.

반대끼리 끌린다

자석에서 자기력은 N극에서 S극으로 흘러요. 지구를 둘러싸고 자기장이 만들어지는 것도 바로 그런 이유에서지요. 2개의 자석을 서로 가까이 가져가 본 적이 있나요? S극을 서로 가까이 가져가면 서로 밀어내요. 2개의 N극을 가까이 가져갔을 때도 마찬가지예요. 하지만 이때 자석 하나의 방향을 반대로 돌리면 N극과 S극은 서로 이끌린답니다.

기억해 둘 물리학 상식

사실 지구가 하나의 거대한 막대자석이라는 사실을 알고 있나요? 한가운데가 철로 이뤄졌기 때문이에요. 그래서 지구에는 북극과 남극이 존재하고, 우리가 나침반의 자석을 활용해 북극과 남극의 방향을 찾을 수 있는 거랍니다. 동물들 또한 지구의 자기장을 활용해 방향을 찾아요. 예컨대 고래와 새들은 자기장을 활용해 이주 경로를 찾아내지요.

희귀한 원소들

전자들이 제대로 줄을 지어 자석을 만들어 낼 구조를 갖춘 원소는 그렇게 많지 않아요. 자석을 만드는 데 주로 철이 사용되지만, 강철도 안에 철이 많이 들어 있어서 자석으로 쓰일 수 있어요. 하지만 자석을 만들 수 있는 물질은 철만이 아니에요. 희귀한 원소인 네오디뮴과 사마륨 역시 자석을 만들 수 있지요. 이런 자석을 희토류 자석이라고 불러요.

전자석

자석은 전기를 만드는 데도 활용할 수 있어요. 전선을 철로 만든 봉에 둘둘 감아 놓으면, 전류가 전선을 타고 흐르면서 무척 강력한 자기력이 생겨요. 그러다가 전류가 끊어지면 자기력도 사라지지요. 이것을 전자석이라고 불러요. 전자석은 자기력을 켰다 끄는 데 사용돼요.

77

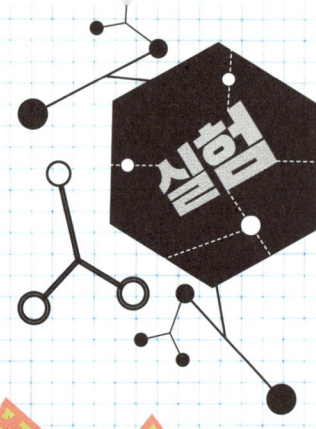

빛의 속도 측정하기

빛의 속도는 무척 빠르기 때문에 그 빠르기를 정확하게 재는 건 무척이나 어려워요. 하지만 마이크로파 역시 빛의 속도로 이동한다는 사실을 활용하면, 집에 있는 전자레인지로 빛의 속도를 실제 값에 가깝게 계산할 수 있어요. 다음과 같은 간단한 실험을 통해 계산해 보아요.

필요한 준비물
- 전자레인지
- 검은색 판지 조각
- 작은 마시멜로
- 자
- 연필
- 계산기

어떻게 하면 될까?

① 전자레인지 안에 돌아가는 접시를 빼서 돌아가지 않게 해요.

② 검은색 판지의 한가운데에 연필로 줄을 그어요.

③ 줄을 따라 작은 마시멜로를 늘어놓아요. 물을 조금 묻혀서 마시멜로를 제자리에 고정시켜도 돼요.

④ 판지를 조심스레 전자레인지에 넣어요. 판지 위의 마시멜로가 전자레인지 한가운데에 들어가도록 해요.

⑤ 전자레인지 문을 닫고 30초 동안 최고 출력으로 돌려요.

⑥ 마시멜로가 올라간 판지를 전자레인지에서 빼내요.

⑦ 전자레인지 뒷면에 제품의 사양을 설명한 스티커를 살펴봐요. 동작 주파수가 2,450MHz 정도여야 해요.

마시멜로 가운데 몇몇은 부풀어 오르고 몇몇은 그렇지 않을 거예요. 그리고 그 패턴이 마치 파동처럼 보여요. 이제 아까와 달라지지 않은 마시멜로 무리의 한가운데와 역시 달라지지 않은 무리의 한가운데 사이의 거리를 재요. 이렇게 하면 파장의 절반에 해당하는 거리를 알 수 있어요. 이제 그 거리에 2배를 하면 전체 파장을 구할 수 있지요. 만약 cm 단위로 측정했다면, 그 숫자를 100으로 나누면 m 단위로 바꿔어요.

이제 아래 식에 대입하면 마이크로파의 속도를 구할 수 있답니다.

어떤 원리일까?

전자레인지는 정상파를 이용해 식품 안쪽의 물 분자를 데워 음식을 조리해요. 파동이 전자레인지의 안쪽 금속 면에 반사될 때 정상파가 만들어지지요. 정상파는 높은 에너지 구역과 낮은 에너지 구역을 만들어 내요. 우리가 전자레인지 안에서 돌아가는 접시를 빼냈기 때문에 이 효과는 아주 눈에 띄게 나타나요. 전자레인지에 뭔가를 돌렸다가 처음에 맞춘 시간이 지나도 음식을 안에 한동안 내버려 둬야 하는 것도 이런 이유 때문이에요. 음식물의 일부는 아주 뜨겁지만 다른 일부는 미지근하거든요. 에너지가 음식물 전체를 적당한 온도로 데우는 데는 조금 시간이 걸리지요.

$$속도(m/s) = 주파수(Hz) \times 파장(m)$$

전자레인지의 뒷면을 보면 동작 주파수를 찾을 수 있어요. 2,450MHz는 2,450,000,000Hz와 같아요. 그리고 파장은 앞에서 구했던 거리의 2배지요. 이제 위의 식에 대입해 봐요. 계산기를 사용해 주파수와 파장을 곱하면 빛의 속도를 구할 수 있답니다. 그리고 101쪽을 펼쳐 실제 값과 얼마나 가까운지 확인해 봐요!

초콜릿 플레이크나 치즈로도 이 실험을 할 수 있어요. 아니면 비록 먹지는 못하지만 감열지(열을 가하면 검은색으로 변하는 종이)로도 실험을 할 수 있고요.

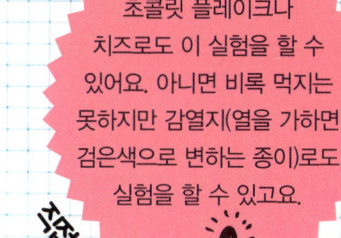

직접 알아봐요

여러 가지 온도 체계

열과 에너지에 대해 얘기할 때 온도는 무척 중요한 개념이에요. 그런데 온도를 여러 가지 방식으로 측정할 수 있다는 사실을 알고 있나요? 우리에게 친숙한 건 섭씨온도예요. 하지만 화씨온도, 절대 온도 체계도 있답니다.

고전적인 화씨온도

1774년에 만들어진 이 온도 눈금은 가장 오래되었고 아직도 여전히 사용된답니다. 오늘날 화씨온도 눈금은 미국을 비롯해 태평양의 몇몇 섬나라에서 쓰여요.

물을 기준으로 한 온도

섭씨온도는 물을 기준으로 하는 현대적인 눈금이에요. 0℃는 물이 고체에서 액체로 바뀌는 녹는점이고, 100℃는 물이 끓기 시작하는 끓는점이지요. 섭씨온도는 오늘날 가장 널리 쓰여요.

15,000,000K
태양 중심부의 온도

2,000,000K
태양 코로나의 평균 온도

5,777K
태양 표면의 온도

1,273K
폭죽에서 뿜어 나오는 불꽃의 평균 온도

1,123K
모닥불의 평균 온도

373K
(섭씨 100도, 화씨 212도)
물의 끓는점

점점 더 낮은 온도로

과학자들이 사용하는 켈빈 눈금은 사실 섭씨 눈금과 같지만 시작점이 달라요. 켈빈 눈금에는 영하의 온도가 없어요. 절대 온도라고 불리는 0K는 세상에서 가장 낮은 온도예요. 그 무엇도 이 온도보다 차가울 수는 없어요.

온도 측정하기

과학자들이 온도를 재는 눈금 체계는 몇 가지뿐이지만, 온도를 재는 기구는 수십 가지도 넘어요. 이런 기구를 온도계라고 불러요. 온도계를 사용하면 우리의 체온, 오븐의 온도, 액체 산소의 온도처럼 온갖 온도를 잴 수 있답니다.

329.7K
(섭씨 56.7도, 화씨 134도)
1913년 7월, 미국 데스밸리에서 측정한 지상에서 가장 높은 온도

293K
(섭씨 20도, 화씨 68도)
실내의 평균 온도

184K
(섭씨 -89도, 화씨 -128.2도)
1983년 7월, 남극 보스토크에서 측정한 지상에서 가장 낮은 온도

3K
(섭씨 -270도, 화씨 -454도)
우주의 평균 온도

310K
(섭씨 37도, 화씨 98.6도)
사람의 평균 체온

273K
(섭씨 0도, 화씨 32도)
물의 어는점

77K
(섭씨 -196도, 화씨 -321도)
액체 질소의 끓는점

0K
(섭씨 -273.15도, 화씨 -459.5도)
절대 영도, 우주에서 도달할 수 있는 가장 낮은 온도

뉴턴의 운동 법칙

아이작 뉴턴에 대해서 이미 이 책에서 여러 번 다루었어요. 그건 뉴턴이 그 시대에 세상을 설명하는 여러 법칙을 제안했기 때문이에요. 그 법칙들은 우리가 사는 오늘날까지도 여전히 쓸모가 있답니다. 이제 사물이 어떻게 움직이는지에 대한 뉴턴의 법칙에 대해 더 자세히 알아보아요. 바로 운동에 대한 세 가지 법칙이에요.

제1법칙

바깥에서 힘을 가해 균형을 깨지 않는 한, 멈춰 있는 물체는 계속 멈춰 있고 움직이는 물체는 같은 속도와 방향으로 움직인다.

이 법칙에 따르면 우리가 움직이는 중인데 아무 일도 벌어지지 않는다면, 어떤 것도 바뀌지 않아요. 특정 속도와 방향으로 어딘가를 움직이고 있다면 언제까지나 그 속도와 방향을 유지할 거예요. 그리고 우리가 움직이지 않는 상태에서 아무런 일도 일어나지 않는다면, 우리는 영원히 제자리에 머무를 거예요. 조금 이상하게 들릴 수 있지만 이 점을 기억해야 해요. 일상생활에서 우리가 움직이다 보면 언제나 마찰력이 작용해서 결국 멈추게 된다는 사실을요. 그러니 우리는 항상 마찰력을 이기려고 애써야 하지요.

제2법칙

$F=ma$, 또는
힘=질량×가속도

제2법칙에 따르면 어떤 물체에 작용하는 힘은 물체의 가속도에 질량을 곱한 값과 같아요. 그러니 서로 다른 질량을 가진 두 물체에 같은 힘을 주면 가속도는 서로 다를 거예요. 그 결과 두 물체는 서로 다른 속도로 움직이겠지요. 물체의 질량이 작을수록 속도는 더 빠를 거고요.

제3법칙

모든 작용(힘)에 대해 크기가 같고 방향이 반대인 반작용(힘)이 존재한다.

힘은 서로 쌍을 이뤄서 존재해요. 예컨대 우리가 의자에 앉아 있다고 상상해 봐요. 우리 몸이 아래쪽으로 힘을 가하면, 의자는 똑같은 정도의 힘을 위쪽으로 가해야 해요. 안 그러면 의자가 무너질 테니까요. 반대로 만약 의자가 위쪽으로 가하는 힘이 우리 몸무게보다 세면, 의자는 바닥에서 위로 솟구칠 거예요. 또 다른 사례는 로켓이 발사되는 경우예요. 엔진이 작동하면 아래쪽 지면 방향으로 힘이 가해져요. 이 힘은 세기가 같고 방향이 반대인 힘을 만들어 내지요. 그 반작용력이 로켓을 위쪽으로 밀어내는 거예요.

롤러코스터 타기

아무나 경주용 자동차 드라이버나 우주 비행사가 될 수 있는 건 아니에요. 아무나 에베레스트 산꼭대기까지 오를 수 있는 것도 아니고요. 하지만 롤러코스터를 타는 건 누구나 할 수 있어요. 롤러코스터에 작용하는 힘을 알아보아요.

와아아!

기억해 둘 물리학 상식

롤러코스터를 가장 신나게 탈 수 있는 방법은 맨 뒷자리에 타는 거예요. 뒷자리에 타면 빠른 속도로 궤도 꼭대기에 올라가고, 궤도의 밑바닥에서도 속도가 가장 빨리 줄어들어요. 다시 말하면 차체에 가하는 힘이 가장 빠르게 변화하는 위치예요.

엔진은 어디 있지?

혹시 롤러코스터에 엔진이 없다는 사실을 알고 있나요? 첫 번째 궤도 언덕에 오를 때는 윈치*가 롤러코스터를 위로 끌어올리지요. 보통 롤러코스터를 탈 때 이 과정이 가장 길어요. 롤러코스터 중에는 출발점을 기준으로 높이 100m나 끌려 올라가는 종류도 있답니다. 윈치는 에너지를 사용해서 롤러코스터를 궤도 언덕 위로 끌어올려요. 하지만 이 에너지는 단순히 다 쓰고 사라지는 게 아니에요. 롤러코스터는 위로 올라가면서 에너지를 계속 쌓아 둬요. 위로 높이 올라가면 올라갈수록

에너지는 점점 더 많이 쌓여요. 그리고 롤러코스터가 아래로 떨어지기 시작할 때 그 에너지를 사용하지요. 이런 에너지는 높은 위치에 자리할 때 쌓였다가 나중에 사용될 수 있는 에너지이지요. 그래서 이때 저장되었던 에너지를 중력 위치 에너지라고 불러요.

*윈치 : 드럼에 밧줄을 감아 도르래로 감아올리는 기구.

아래로 떨어진다!

롤러코스터가 첫 번째 언덕의 등성이를 넘어서기 시작하면, 중력이 작용하면서 아래쪽으로 돌진해요. 그러면서 속력이 가속되지요. 속력이 높아지면서 중력의 위치 에너지는 운동 에너지로 바뀌어요. 그리고 롤러코스터가 언덕 아래로 더 떨어질수록 속도가 빨라져요. 그러면 원래의 위치 에너지가 운동 에너지로 전환되는 양이 더 많아져요.

운행을 시작할 때 롤러코스터는 중력 위치 에너지가 없었어요. 하지만 운행이 시작되면서 위치 에너지와 운동 에너지가 계속 서로 바뀌어요. 언덕 위를 올라갈 때마다 위치 에너지가 증가하는데, 그건 속도가 느려져, 즉 운동 에너지를 잃으면서 얻은 에너지예요. 그래서 롤러코스터가 언덕의 꼭대기로 갈수록 속도가 점점 느려지다가 내려갈 때 속도가 빨라지는 거예요.

롤러코스터를 움직이는 힘

롤러코스터를 계속 움직이게 하는 건 에너지예요. 하지만 롤러코스터에 탄 우리를 신나게 하는 건 여러 힘들이지요. 롤러코스터가 궤도를 따라 움직일 때 우리를 밀거나 당기는 힘이 눈에 보이지는 않아요. 하지만 이 힘들은 우리를 뒤쪽으로, 양옆으로, 앞쪽으로 잡아끌지요. 그러면 한순간 몸이 가벼워진 기분이 들었다가도 다른 순간에는 돌덩이처럼 몸이 무거워진 기분이 들어요. 롤러코스터가 순식간에 위아래로 뒤집혔을 때 우리를 안전하게 좌석에 붙어 있게 하는 것도 힘이랍니다.

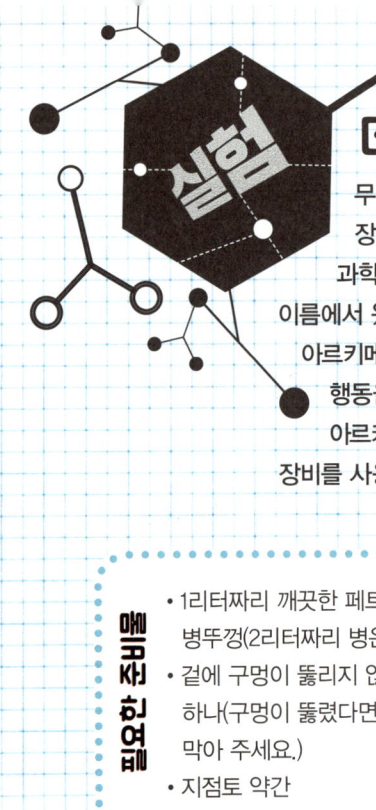

실험: 데카르트의 잠수 인형

무척 단순한 이 실험 장치는 프랑스의 과학자 르네 데카르트의 이름에서 왔어요. 데카르트는 아르키메데스의 원리와 기체의 행동을 설명하기 위해 아르키메데스와 무척 비슷한 장비를 사용했지요.

필요한 준비물

- 1리터짜리 깨끗한 페트병과 병뚜껑(2리터짜리 병은 안 돼요.)
- 겉에 구멍이 뚫리지 않은 펜 뚜껑 하나(구멍이 뚫렸다면 테이프로 막아 주세요.)
- 지점토 약간

어떻게 하면 될까?

① 안쪽을 잘 볼 수 있게 음료수 병에 붙은 상표와 포장을 떼요.

② 병 속에 물을 끝까지 꽉 채워요.

③ 점토를 콩알만큼 떼어서 펜 뚜껑의 끄트머리에 달아요.

④ 점토가 먼저 들어가도록 해서 펜 뚜껑을 천천히 병 속에 넣어요. 물이 약간 흘러넘치겠지만 괜찮아요. 펜 뚜껑이 뜰락말락한 상태를 유지하는 게 좋아요. 펜 뚜껑이 가라앉으면 점토를 약간 떼 내요. 지나치게 둥둥 뜬다면 점토를 좀 더 붙이고요.

⑤ 병뚜껑을 돌려서 꽉 잠가요.

⑥ 이제 가장 재미있는 부분이에요. 마음대로 펜 뚜껑을 물속에서 오르락내리락하게 만들 수 있거든요. 병을 꽉 쥐면 펜 뚜껑은 가라앉을 거예요. 꽉 쥐었던 힘을 풀면 펜 뚜껑은 위로 올라갈 거고요. 연습을 조금 해 보면 펜 뚜껑을 병 한가운데에 멈춰 있게 할 수도 있답니다.

어떤 원리일까?

정말 재미있는 결과예요. 이 실험은 밀도에 대한 실험이에요. 페트병을 손으로 쥐어짜면 펜 뚜껑 안의 공기 방울이 압축되면서 뚜껑 밖의 물보다 밀도가 높아져요. 그러면 뚜껑은 물 아래로 가라앉아요. 그러다가 손에 힘을 풀고 쥐어짜기를 멈추면 공기 방울이 다시 커지면서 물이 펜 뚜껑 밖으로 흘러나와서 뚜껑은 위로 올라갈 거예요.

만약 제대로 되지 않는다면, 점토의 양을 조절해 가면서 다시 해 보세요. 물이 병 속 맨 위까지 차 있는지도 확인하고요.

직접 알아봐요

케첩 잠수부

다음번에 외식을 할 때면 작은 케첩 샘플을 하나 챙겨 가요. 이제 케첩 포장을 찢지 않은 채 앞에서 볼펜 뚜껑과 마찬가지로 병 속에 퐁당 집어넣어요. 이제 플라스틱 병을 손으로 꽉 쥐면 포장에 든 케첩은 압축되면서 밀도가 높아지지요. 그리고 포장 속의 공기 방울 때문에 케첩 포장은 앞서 펜 뚜껑이 그랬듯이 아래로 내려갔다가 위로 올라갈 거예요. 재미있게 즐겨 보세요!

파동인가, 파동이 아닌가?

빛이 파동이면서 동시에 입자처럼 움직인다는 사실은 물리학자들에게 가장 혼란을 안겨 주었던 개념 가운데 하나예요. 우리가 일상생활에서는 거의 볼 수 없는 방식이니까요.

파동인가, 입자인가?

18세기와 19세기에 빛을 연구했던 물리학자들은 빛이 입자로 이루어져 있는지, 파동으로 이루어져 있는지에 대해 치열하게 논쟁했어요. 하지만 물리학자들이 직접 실험해 보니 빛은 입자이기도 하고 파동이기도 한 것처럼 보였어요! 가끔은 입자같이 직선 위를 움직이는 듯했고, 또 다른 실험에서는 당시에 알려졌던 다른 파동과 같이 파동과 주파수를 가지는 것처럼 보였거든요.

혹시 둘 다일까?

1909년, 제프리 테일러라는 이름의 과학자는 일찍이 토머스 영이 처음 했던 실험을 다시 해 보았어요. 양옆에 자리한 길고 작은 2개의 틈새에 빛을 쏘았지요. 이렇게 환한 빛을 2개의 틈새 위에 쏘면 간섭 패턴이 나타나요. 그건 빛이 사실상 파동이라는 사실을 보여 주지요. 어떤 자리에서는 빛의 파동이 서로를 상쇄했고 다른 자리에서는 서로 합쳐져서 더 밝게 보이니까요. 그 결과 밝은 부분과 어두운 부분이 번갈아 나타나요.

테일러는 이때 틈새에서 나오는 빛을 사진기로 찍었어요. 빛에 특히 민감한 특수 사진기로요. 테일러는 빛의 밝기를 아주 희미하게 낮춘 다음 사진을 찍기 시작했어요. 그 결과 빛이 충분히 흐릿해지면 작은 틈새 모양의 빛이 2개 흘러나왔어요. 마치 빛이 파동인 것처럼 말이지요. 그렇지만 테일러가 사진기를 오랜 시간 방치해서 흐릿한 빛이 충분한 양만큼 지나가게 하면, 입자인 것처럼 보였던 빛이 사진을 점점 채우면서 간섭 패턴이 다시 나타났어요. 테일러의 이 실험은 빛이 파동인 동시에 입자라는 사실을 증명했지요.

이 실험은 여러 번 반복되었고, 그래서 오늘날의 물리학자들은 빛이 파동인 동시에 입자라는 사실에 동의해요. 비록 어떻게 둘 다일 수 있는지 이해하는 건 거의 불가능한 것처럼 보이지만요. 그래도 물리학자들은 빛이 파장(파동의 성질)과 운동량(입자의 성질)을 동시에 갖는 방정식을 몇 가지 세우는 데 성공했어요. 이처럼 언뜻 보기에 불가능한 것처럼 보이는 빛의 성질을 '파동과 입자의 이중성'이라고 불러요.

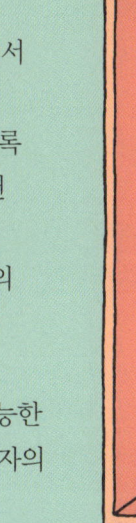

나는 확실히 살아 있는 걸까?

아냐, 넌 이미 가망이 없어, 야옹아!

기억해 둘 물리학 상식

슈뢰딩거의 고양이 실험은 양자 역학에서 가장 유명한 사고 실험이에요. 깨지기 쉬운 용기에 독가스와 방사성 원자를 넣고 상자에 고양이를 가두었을 때 고양이는 우리가 관찰하기 전까지는 살아 있는 동시에 죽은 상태예요. 물리학자들은 슈뢰딩거의 고양이 실험을 통해 양자 역학의 새로운 이론을 시험했답니다.

모터와 발전기

지금 앉아 있는 방 안을 둘러보세요. 전기 모터가 몇 개나 있나요? 일단 컴퓨터의 냉각 팬에 모터가 하나 달려 있어요. 있는 곳이 침실이라면 헤어드라이어와 여러 장난감에서 모터를 찾을 수 있어요. 부엌에는 식기 세척기, 커피 그라인더, 믹서기를 비롯한 모든 전자 기기에 모터가 달려 있지요. 비행기와 보트의 프로펠러에도 모터가 있고요. 모터는 인류 역사상 가장 유용한 발명품으로 손에 꼽힐 거예요. 그런데 이런 모터는 어떻게 작동하는 걸까요?

전기와 자기력, 운동

전기 모터의 기본적인 원리는 정말 단순해요. 한쪽 끝에 전기를 흘려 넣고, 다른 쪽 끝에서 금속 축이 돌아가면 어떤 기계를 작동시키는 전력이 만들어지지요. 그렇다면 전기는 어떻게 해서 기계의 움직임으로 변환될까요?

흔히 볼 수 있는 기다란 전선을 구해 크고 둥글게 구부린 다음, 강력한 영구 말굽자석의 두 축 사이에 둬요. 이제 전선의 양쪽 끝을 전지와 연결하면, 전선은 한순간 펄쩍 튀어 올라요. 처음 보는 모습이라면 꽤 놀라울 거예요. 하지만 과학적으로 이 현상을 완벽하게 설명할 수 있답니다. 전선을 따라 전류가 흐르면, 그 주위로 자기장이 만들어져요. 이때 만약 영구 자석* 가까이에 전선을 두면, 일시적으로 만들어진 자기장이 영구 자석의 자기장과 상호 작용을 하지요. 앞에서 자석이 서로 달라붙거나 밀어낸다는 사실을 이미 알아보았어요. 같은 방식으로, 전선 주위에 일시적으로 만들어진 자기장은 영구 자석의 지속적인 자기장에 이끌리거나 밀쳐져요. 전선이 펄쩍 튀어 오르는 건 그런 이유에서랍니다. 그리고 교묘하게

*영구 자석 : 일단 자기화가 된 다음에는 자기를 영구히 보존하는 자석.

움직여서 전기 만들기

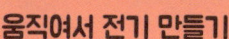

전기와 자석을 통해 뭔가를 움직이듯이, 자석을 움직이면 전기를 만들 수 있어요. 전선을 코일처럼 감아 놓고 그 안팎으로 자석을 움직이면, 전선을 따라 전자가 움직이면서 전기가 만들어져요. 무척 적은 양이지만요. 전기를 만들어 내는 가장 좋은 방법이 있다면 고정된 커다란 자석 안에서 전선 코일을 빙글빙글 돌리는 거예요. 이 원리를 활용하는 간단한 사례가 자전거 바퀴에 붙은 발전기예요. 자전거가 움직이면 바퀴가 자석 안쪽의 전선 코일을 돌리고, 그러면 자전거의 앞길을 전등으로 비추기에 충분한 전기가 만들어진답니다.

약간의 작업을 거치면 이 순간적인 움직임을 지속적인 원운동으로 바꿀 수 있답니다. 전기 모터는 이렇게 해서 만들어지지요.

전기가 만들어지네!

고무줄과 플라스틱, 용수철

사물은 어떻게, 왜 움직이는 걸까요? 에너지 개념을 활용하면 이것에 대해 설명할 수 있답니다. 어떤 물체에 힘을 가하면 그 물체에 작용하는 에너지를 바꿀 수 있지요. 이 에너지는 그 물체에서 일을 할 수 있고요.

에너지는 스칼라양이에요. 그 말은 에너지에는 방향이 없다는 뜻이지요. 반면에 벡터는 방향이 있어요. 에너지는 들거나 만질 수 있는 무언가가 아니에요.

에너지는 우리가 주변의 세상을 이해하는 데 도움을 주는 또 다른 수단이지요. 과학자들은 줄이라는 단위를 사용해서 에너지를 측정한답니다.

용수철의 특징

용수철 연구는 물리학에서 꽤 중요하게 다루고 있어요. 가만히 있는 용수철은 별로 할 수 있는 일이 없지요. 하지만 용수철을 꾹 누르면, 가한 힘이 용수철을 이루는 구불구불한 코일의 모양을 바꿔요. 그러면 용수철 안에 에너지가 저장된답니다. 이제 용수철은 확 튀어 오르면서 다른 물체에 무언가 작용을 할 수 있어요. 고무줄처럼 탄성*을 가진

*탄성 : 물체의 모양과 배열이 바뀌었다가 다시 원래대로 되돌아오는 성질.

물체는 다들 용수철과 같은 방식으로 에너지를 저장할 수 있어요. 고무줄이 늘어나면 그 상태에서 뭔가 일을 할 준비가 되어 있어요. 누군가 일을 해야 고무줄을 늘일 수 있고, 그러면 위치에너지가 증가해요. 단단한 고무공을 납작하게 꾹 눌러도 마찬가지예요.

고무공은 튀어 오르면서 원래 모습으로 되돌아가려 할 거예요. 하지만 플라스틱이나 비닐로 만든 물건은 에너지를 저장하지 못해요. 플라스틱이나 비닐은 모양을 변화시킬 수 없고, 그래서 지나치게 많은 에너지를 가하면 모양이 변형되면서 부러지지요. 예를 들어 비닐 쇼핑백에 물건을 잔뜩 담으면 점점 늘어나다가 뚝 끊어지고 말지요!

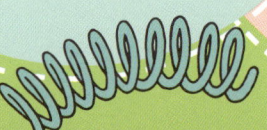

에너지를 저장하고 있는 기체

기체가 대단한 건 쪼그라들었다가도 팽창할 수 있기 때문이에요. 마치 탄성이 있는 것처럼 행동한답니다. 압력이 늘어나 기체 분자가 압축되면, 그 안에 저장된 에너지의 양이 늘어나요. 이 모습은 용수철과 비슷해요. 살짝 다른 점도 있지만요. 압축된 기체 속의 에너지가 필요하다면 뭔가 다른 조치를 취해야 해요.

기억해 둘 물리학 상식

산악자전거에는 일반 자전거와 달리 용수철이 들어 있어요. 안장이 딱딱한 일반 자전거를 타고 바닥이 울퉁불퉁한 숲길을 달린다면 무척 힘들 거예요. 매번 자전거가 이리저리 튀어오를 테니까요! 하지만 산악자전거는 용수철을 활용해 에너지를 흡수하기 때문에 더 안정적으로 자전거를 탈 수 있어요.

자동차에도 충격을 흡수하는 장치가 있어요. 몇몇 자동차에는 엔진의 실린더 안에 용수철 대신 압축된 기체가 담겨 있어요. 이 실린더 안의 에너지 덕분에 움푹 파인 곳에 갑자기 들어가도 자동차가 지나치게 크게 튀어 오르지 않아요.

아인슈타인 방정식, $E=mc^2$

아인슈타인은 특수 상대성 이론을 발표하면서 전 세계에서 가장 유명한 방정식 하나를 같이 소개했어요. 바로 $E=mc^2$ 이지요. 이 방정식은 몹시 유명해서 물리학을 전혀 모르는 사람들도 한 번쯤은 들어 봤을 거예요. 우리가 사는 세상에서 이 방정식이 얼마나 중요한지에 대해서도 다들 알아요. 하지만 대부분의 사람들은 이 방정식에 어떤 의미가 있는지 정확히 알지는 못하지요.

이 방정식은 간단한 항을 통해 질량과 에너지 사이의 관계를 알려 주어요. 질량과 에너지는 본질적으로 동일한 무언가를 두 가지 방식으로 표현한 결과라는 것이지요. 다음 네 가지 단계를 통해 이 방정식에 대해 알아봐요.

1 방정식 안의 항들은 무엇을 뜻할까?

첫 번째 단계는 방정식의 여러 다른 부분이 무엇을 뜻하는지 알아보는 거예요. E는 어떤 물체가 갖는 에너지를, m은 질량을, c는 진공 속 빛의 속도를 뜻해요.

2 에너지란 무엇인가?

에너지가 여러 형태를 가진다는 사실을 알고 있을 거예요. 예컨대 운동 에너지와 전기 에너지, 열에너지, 중력 위치 에너지 등이 있지요. 에너지는 새로 만들어지거나 파괴되지 않아요. 다만 하나의 형태에서 다른 형태로 바뀔 뿐이에요.

3 질량이란 무엇인가?

질량은 어떤 물체 속에 있는 물질의 양이에요. 우리가 아는 한 질량은 고정되어 있고 변화하지 않아요. 또 질량은 무게와 다르다는 사실을 아는 게 중요해요. 무게는 어떤 물체가 느끼는 중력의 크기예요. 그래서 그 물체가 속한 환경이 가진 중력의 세기에 따라 다양해요. 예컨대 달에서나 지구에서나 우리 몸의 질량은 같지만 달에서는 지구에 비해 무게가 적게 나가지요.

4 질량과 에너지는 같다

이 방정식은 질량과 에너지가 동일하다는 사실을 얘기해 줘요. 즉, 어떤 물체의 질량을 안다면, 그 물체가 지닌 에너지의 양도 계산할 수 있답니다. 또 이 방정식에 따르면 아무리 작은 질량을 가진 물체라도 많은 에너지를 담고 있어요!

에너지를 공급하기

　아인슈타인의 방정식에 따르면 무척 많은 양의 에너지가 질량 안에 들어차 있어요. 1kg의 질량 안에 약 9×10^{16}줄(90,000,000,000,000,000J)의 에너지가 들어 있지요. 물체의 질량을 어떻게든 전부 에너지로 바꾼다면 말이에요. 이 에너지는 강력한 폭약인 TNT 4천만 톤 이상의 위력과 같답니다! 더 실용적으로 얘기하자면, 1천만 가구에 적어도 3년 동안 공급할 수 있는 에너지의 양이지요. 질량이 50kg인 사람 안에는 1천만 가구에 150년 동안 공급할 만한 에너지가 들어 있고요.

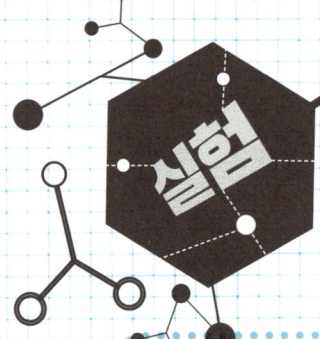

실험: 집에서 아이스크림 만들기

집에서 아이스크림을 만들어 본 적이 있나요?
꽤 재미있을 뿐 아니라 맛좋은 간식을 얻게 될 거예요.
이게 바로 일석이조이지요!

준비물
- 계량스푼
- 설탕 2큰술
- 우유 400ml(휘핑크림도 괜찮아요.)
- 바닐라 추출물
- 소금 200g
- 위를 지퍼처럼 잠글 수 있는 샌드위치 크기의 작은 비닐 봉투 2개
- 위를 잠글 수 있는 꽤 큰 비닐 봉투 2개
- 각 얼음 1kg
- 오븐용 장갑 또는 작은 수건
- 타이머 또는 시계

어떻게 하면 될까?

① 시작하기 전에 작은 비닐 봉투 2개 각각에 설탕 1큰술, 우유 200ml, 바닐라 추출물 1/4작은술을 넣고 잘 섞어요. 그런 다음에 각각의 봉투를 잠가요. 그리고 다음 과정에 들어갈 준비가 될 때까지 봉투를 냉장고에 넣어 둬요.

② 500g의 각 얼음을 큰 봉투 하나에 넣어요. 그리고 그 봉투에 소금 100g을 넣어요.

③ 작은 봉투 하나를 각 얼음이 담긴 큰 봉투 안에 넣어요. 작은 봉투와 큰 봉투 모두를 지퍼로 잠가요.

④ 봉투를 오븐용 장갑으로 쥐거나 작은 수건으로 감싼 다음 적어도 5분 이상 잘 흔들어요.

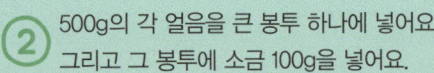

⑤ 이제 얼음 500g을 또 다른 큰 봉지에 넣어요. 하지만 이번에는 안에 소금을 넣지 말아요.

⑥ 준비했던 작은 봉지를 큰 봉지에 넣어요. 봉지를 둘 다 잘 봉하고요.

⑦ 오븐용 장갑으로 봉지를 들거나 작은 수건으로 봉지를 감싸든 다음, 아까 했던 것처럼 적어도 5분 이상 흔들어요.

봉지 둘 중 하나 안에는 아이스크림이 만들어졌을 거예요! 이제 서둘러 녹기 전에 아이스크림을 맛보아요! 그리고 아이스크림이 만들어지지 않은 쪽의 작은 봉지를 꺼내 얼음과 소금이 담긴 큰 봉지에 넣고 5분 이상 흔들어 봐요. 어떻게 될까요?

음, 이 실험을 하루 종일 하고 싶어!

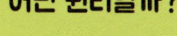

어떤 원리일까?

소금을 함께 넣은 봉지 속의 얼음이 훨씬 잘 녹으며 더 차갑게 느껴진다는 사실을 알았을 거예요. 소금을 넣지 않은 봉지 속보다 소금을 넣은 봉지 속은 영하 몇 도는 될 정도로 충분히 차갑기 때문에 그 안의 재료는 단단해질 때까지 차가워져요. 그러면 내용물은 아이스크림이 되지요. 하지만 소금을 넣지 않은 봉지 속은 온도가 충분히 차갑지 않아 재료가 얼지 못하고 액체가 된답니다.

다양한 종류의 소금으로도 실험해 보세요. 그리고 우유 대신 크림 또는 유제품이 아닌 우유의 대용품으로 바꾸고 결과를 지켜봐요. 재료를 어떤 조합으로 섞었을 때 결과가 가장 좋나요?

물질의 상태

우리는 앞에서 물질이 원자로 만들어졌다는 사실을 배웠어요. 그리고 이 원자는 기본 입자들로 다시 쪼개지지요. 이제 이 물질들이 우리가 아는 가장 흔한 형태로 행동하는 모습을 살펴봐요. 바로 고체, 액체, 기체랍니다.

난 얼음이야!

고체

고체 내부의 원자는 빽빽하게 밀집해서 일정한 모양을 유지해요. 우리는 고체로 이루어진 벽을 뚫고 지날 수 없어요. 고체에서는 원자가 서로 밀집해 있어서 그 원자를 밀치고 지나갈 수 없지요. 고체는 실온에서 원래 모양을 유지해요. 하지만 고체라고 해도 원자 사이에 약간의 틈새가 있어요. 얼마나 빽빽하게 붙어 있는지에 따라 물질의 밀도가 달라져요. 틈새가 많이 벌어질수록 밀도는 작아져요.

액체

액체는 실온에서 일정한 모양이 없어요. 액체 상태에서 원자들 사이에는 어느 정도 공간이 있고, 언제나 조금씩 움직여요. 예컨대 물속에 손가락을 넣었다가 다시 빼면 물이 원래 있었던 곳으로 주르르 흘러요. 하지만 물이 찬 수영장 안에서 걸으면 물을 반대 방향으로 밀어내야 하지요. 그래서 물속에서는 몸이 무겁게 느껴져요. 액체를 흘리거나 부으면 그릇의 모양대로 채워져요. 폭이 넓은 그릇이든 좁은 그릇이든 액체는 그 모양에 맞게 바뀌지요.

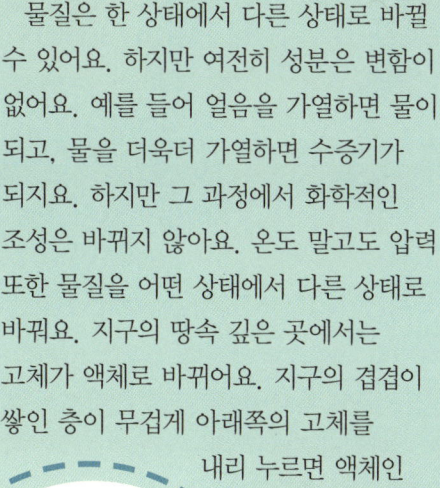

"안녕! 김 좀 빼 볼까?"

기체

기체는 실온에서 일정한 모양이 없을 뿐만 아니라 가만히 있지도 않아요! 항상 움직이고 있어요. 기체를 이루는 원자 사이에는 무척 많은 공간이 있어서 우리는 그 사이로 쉽게 지나갈 수 있어요. 방의 한쪽 끝에서 다른 쪽 끝으로 걷는 건 공기를 구성하는 수많은 원자를 뚫고 가는 셈이에요. 비록 느껴지지는 않지만요. 기체는 그것을 담고 있는 공간의 모양에 맞게 변하고, 꾹 누르면 더 작은 공간으로 압축되기도 해요.

"나는 막 흘러 다녀."

상태 변화

물질은 한 상태에서 다른 상태로 바뀔 수 있어요. 하지만 여전히 성분은 변함이 없어요. 예를 들어 얼음을 가열하면 물이 되고, 물을 더욱더 가열하면 수증기가 되지요. 하지만 그 과정에서 화학적인 조성은 바뀌지 않아요. 온도 말고도 압력 또한 물질을 어떤 상태에서 다른 상태로 바꿔요. 지구의 땅속 깊은 곳에서는 고체가 액체로 바뀌어요. 지구의 겹겹이 쌓인 층이 무겁게 아래쪽의 고체를 내리 누르면 액체인 마그마가 되지요.

H_2O

물은 지구에서 자연적으로 세 가지의 상태가 모두 흔하게 존재하는 유일한 물질이에요. 고체, 액체, 기체 상태로 전부 존재하지요.

기억해 둘 물리학 상식

여러 가지 최고 속도

우리는 스스로 얼마나 빨리 달리거나 헤엄칠 수 있는지 알아요. 하지만 머리카락이 자라는 속도나 지구가 태양 주변을 도는 속도를 알고 있나요? 아래에 다양한 최고 속도를 나열해 놓았어요. 은하수를 얼마나 빠른 속도로 여행할 수 있는지 계산해 봐요.

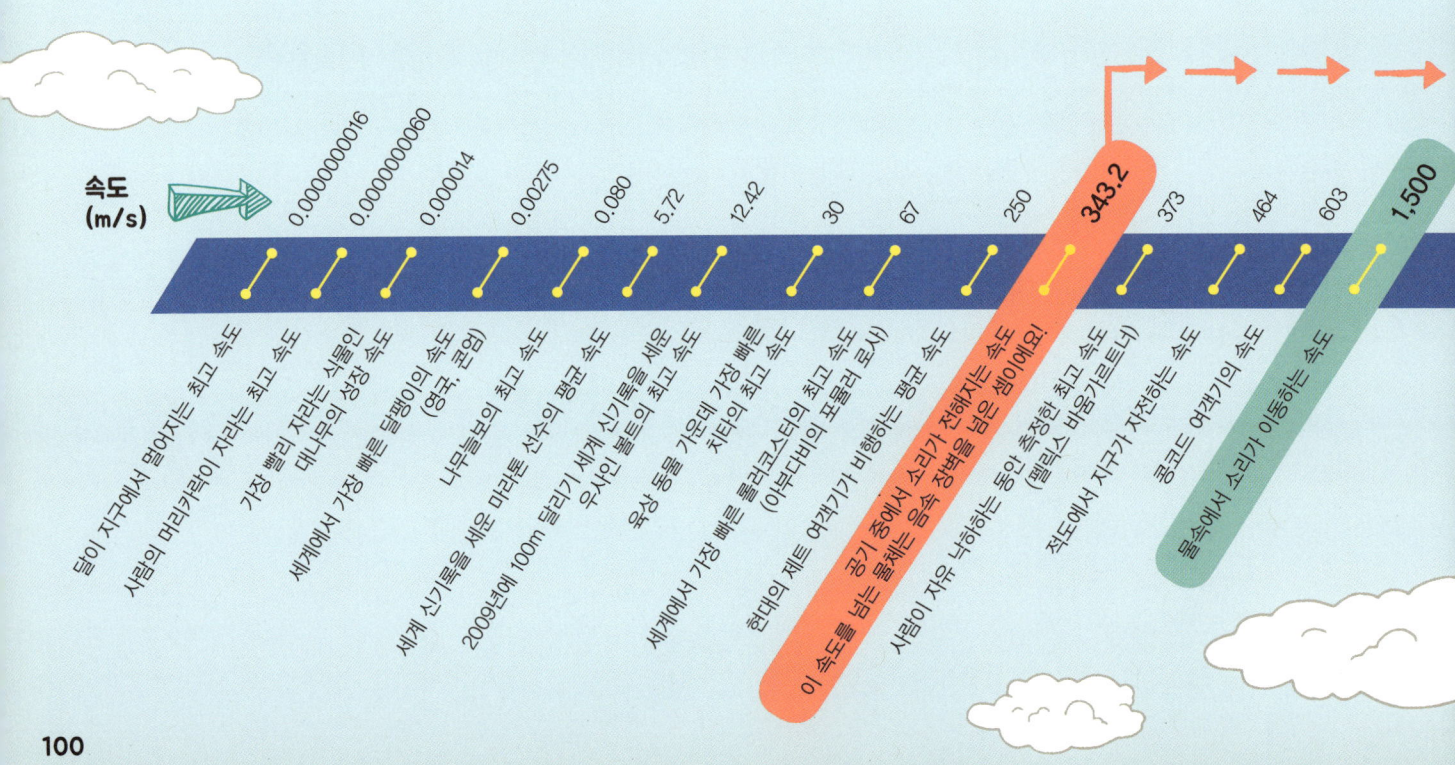

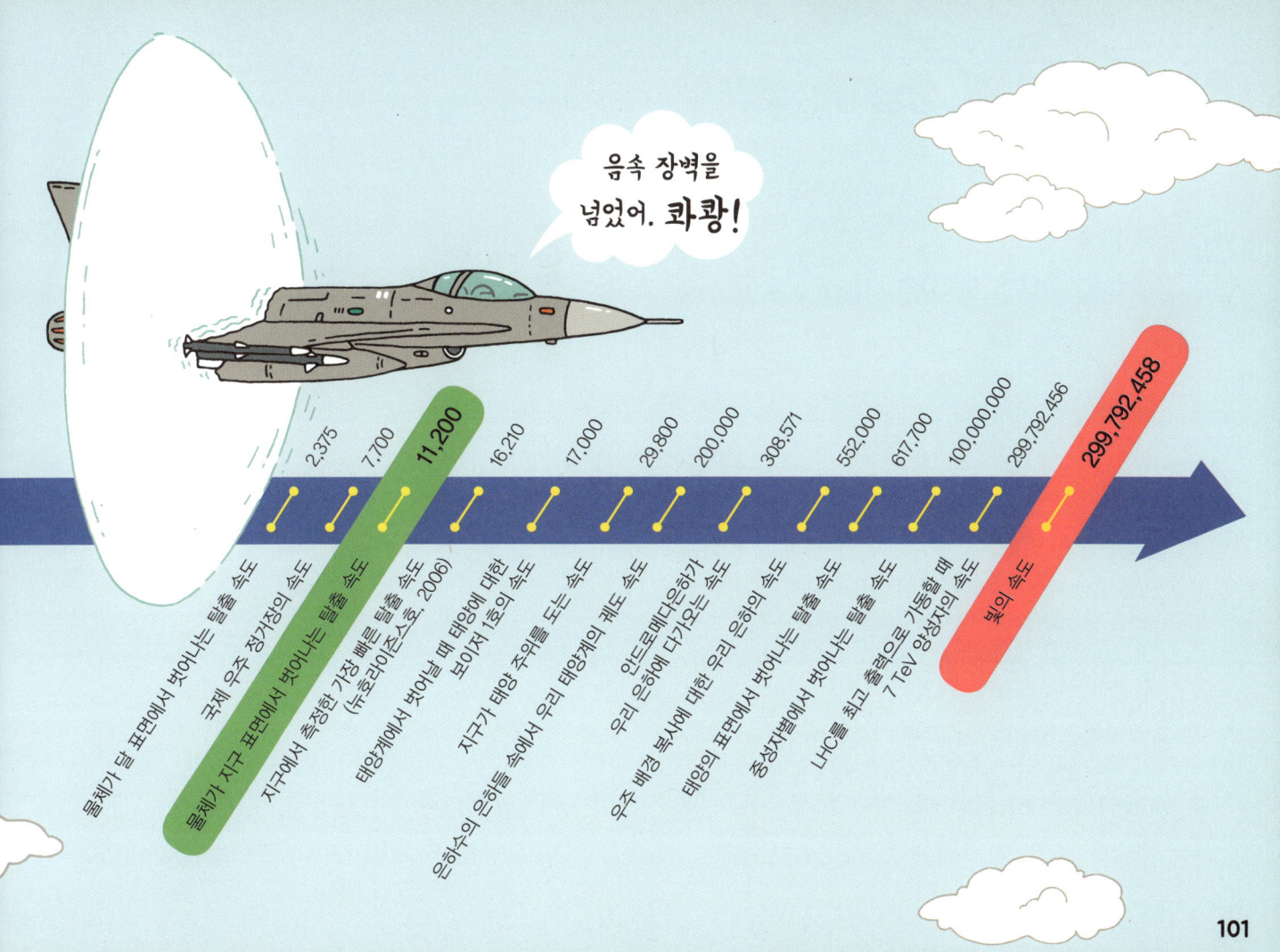

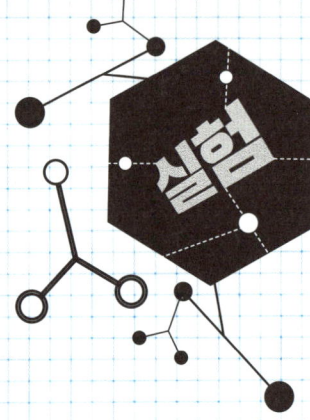

성냥개비 로켓

우주 공간으로 날아갈 로켓을 만드는 건 무척 어렵고 돈도 많이 드는 일이에요. 하지만 다음과 같이 하면 단 몇 분 만에 10m나 날아갈 만큼 성능이 좋은 로켓을 만들 수 있답니다!

필요한 준비물

- 성냥개비
- 크기가 5mm×5mm인 정사각형 은박지
- 핀 1개
- 커다란 클립 1개
- 타일 또는 내열성 매트
- 길쭉한 바비큐용 가스라이터
- 안전 고글

어떻게 하면 될까?

① 은박지를 반으로 접어 직사각형을 만들어요. 이제 길쭉한 방향으로 다시 접은 다음, 한 번 펼쳐요. 그러면 한가운데에 왼쪽에서 오른쪽으로 주름이 가로지르는 직사각형이 되지요.

② 성냥개비 하나를 집어 머리 부분이 바깥으로 향하게 잡아요. 성냥개비 머리가 은박의 주름 바로 아래에 오게 놓아요. 은박의 왼쪽 가장자리를 향하게 하고요.

③ 핀을 성냥개비의 몸통 위에 올리고, 핀의 날카로운 끝이 성냥개비의 머리 위에 오게 놓아요.

④ 은박지의 윗부분을 성냥개비와 핀 위로 접어서 덮어요.

⑤ 은박지로 성냥개비와 핀을 단단히 감아요.

⑥ 핀을 빼고 조심스레 한쪽에 둬요. 이제 성냥개비 로켓이 완성되었어요!

⑦ 가운데 부분이 불쑥 튀어나오도록 클립을 구부려요. 이게 발사대가 될 거예요.

⑧ 밖으로 나가 접은 클립을 내열성 매트 위에 올려요.

⑨ 성냥개비를 클립의 접은 부분 위에 올려요. 은박지로 덮인 부분이 위쪽을 향하도록 해요. 이때 다른 사람들을 향하지 않게 조심해요.

⑩ 안전 고글을 착용해요.

⑪ 라이터 또는 성냥을 사용해서 은박지로 감싼 성냥개비의 끄트머리에 불을 붙여요.

⑫ 이제 잠깐 기다리면 성냥개비 로켓이 발사될 거예요! 발사되기까지 시간이 약간 걸릴 수 있으니 인내심을 갖고 기다려요.

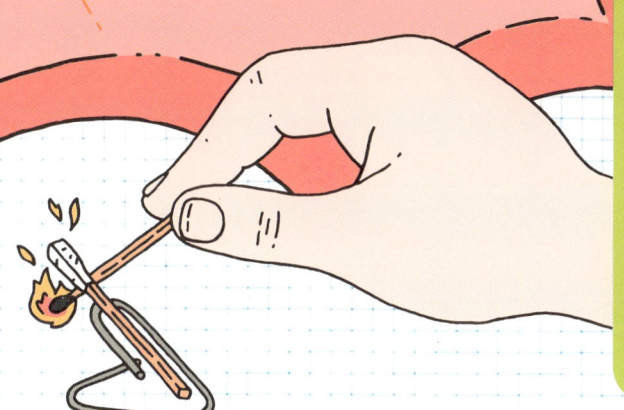

직접 알아봐요

여기서 소개한 지시를 정확하게 따라 했다 해도 로켓이 제대로 발사되지 않을 가능성이 있어요. 그 이유가 뭘까요? 로켓에 대한 원리는 내용이 간단한 편이지만, 실제로 로켓을 만드는 로켓 공학은 무척 복잡하거든요. 만약 만든 로켓이 발사되지 않는다면 만드는 방법을 조금씩 달리 해서 다시 시도해 봐요. 곧 완벽한 성냥개비 로켓을 만들 수 있을 거예요!

어떤 원리일까?

로켓 과학의 원리는 뉴턴의 세 번째 법칙에 기반을 둬요. 로켓을 위로 쏘아 올리기 위해서는 크기가 같은 반대 방향의 힘이 필요해요. 앞의 실험에서 로켓을 만드는 과정 중 핀은 배기관을 만들어요. 성냥에 불이 붙으면 이때 만들어진 기체는 성냥개비의 몸통을 따라 빠져나가요. 로켓이 발사되는 반대 방향으로요. 배기관의 구멍이 작을수록 발사되는 힘이 커지고, 로켓은 더 멀리 나아갈 거예요!

소리가 움직이면 무슨 일이 벌어질까?

구급차가 사이렌을 켜고 지나갈 때 길가에 서 있었던 적이 있나요? 그렇다면 구급차가 다가올 때 사이렌의 음높이가 높아진다는 사실을 눈치챘을 거예요. 그러다가 구급차가 순식간에 스쳐 지나고 나면 사이렌의 음높이는 낮아지지요. 이것을 도플러 효과라고 한답니다.

도플러 효과란?

도플러 효과는 모든 종류의 파동에서 일어나요. 음파, 빛의 파동뿐만 아니라 물의 파동인 물결에서도 생겨요. 파동이 일어나는 근원이나 파동을 받는 쪽이 움직일 때 이 효과가 나타나요. 아래 그림처럼 자동차가 점점 다가오면서 음파가 가까워지면 높은 음이 생겨요. 반면에 자동차가 멀어지면 음파가 뻗어 가면서 아까보다 낮은 소리가 들려요. 소리의 속도는 시속 1,235km(초속 343.2m)밖에 되지 않아요. 그러니 시속 80km의 속도로 다가오는 자량에서 내는 소리에 큰 차이가 생길 수 있어요! 텔레비전에서 경주를 벌이는 자동차를 볼 때도 이 효과를 느낄 수 있답니다. 경찰차라든지 구급차, 소방차가 가까이 오거나 멀어질 때도 마찬가지예요.

하지만 구급차를 운전하면서 자기 차의 사이렌 소리를 듣는 입장이라면 도플러 효과를 느낄 수 있을까요?

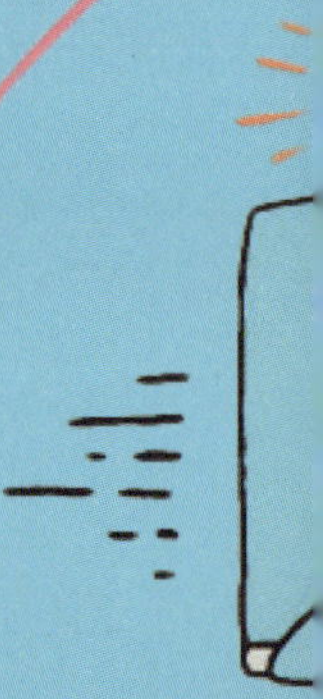

천문학의 도플러 효과

도플러 효과는 실제로 천문학자들에게 쓸모가 많아요. 천문학자들은 우리 은하의 별이 움직일 때 만들어지는 전자기파(빛을 포함한)의 주파수가 변화하는 정보를 활용해요. 만약 별이 지구에서 멀어지고 있다면, 별이 내보낸 빛은 진동수가 낮은 쪽으로 옮겨 가요. 이런 현상을 적색 이동이라고 해요. 반면에 별이 지구 쪽으로 다가온다면 진동수가 높은 쪽으로 이동해요. 이런 현상을 청색 이동이라고 하지요. 천문학자들은 이 현상을 활용해 머나먼 항성 주위를 도는 행성을 발견하기도 하고, 항성이 멀리 떨어진 은하에서 어떻게 움직이는지를 알아내기도 해요. 심지어 대부분의 은하들이 우리 은하인 은하수에서 멀어지고 있다는 사실도 보여 줄 수 있었답니다.

도플러 효과에 따르면 대부분의 은하들은 은하수에서 멀어지는 중이에요. 하지만 우리 은하의 가장 가까운 이웃인 안드로메다은하는 점점 가까이 다가오는 중이고 언젠가는 우리 은하와 충돌할 거예요. 앞으로 약 40억 년 안에 말이에요.

왔다 갔다 진자시계

물리학에 대한 이야기를 하다가 갑자기 시계 이야기를 하니 이상하다고요? 사실 시간의 흐름을 정확하게 측정하는 일은 수백 년 동안 과학자들의 목표였지요. 수천 년 동안 시간을 재는 데는 물시계나 모래시계, 양초 같은 원시적인 도구들이 사용되었어요. 그러다가 1656년에 진자시계가 발명되면서 그야말로 돌파구가 열렸어요. 진자시계는 1927년에 수정 시계가 발명되기 전까지 가장 정확한 시계였어요. 수정 시계의 작동 원리는 오늘날 거의 모든 탁상시계와 손목시계에 사용되지요.

왔다 갔다 하는 진자

진자시계의 가장 기본적이면서 눈에 띄는 특징은 바로 진자예요. 진자는 양옆으로 왔다 갔다 하는 추인데, 시간을 정확하게 지켜요. 오늘날에는 괘종시계에 흔히 사용되어요. 갈릴레이는 진자가 한 번 흔들릴 때마다 정확하게 같은 시간이 걸리며, 그 시간은 진자의 길이에 따라 달라진다는 사실을 밝혔어요. 진자가 일정한 시간을 지키는 데 핵심적인 특징이지요! 하지만 진자가 한 번 흔들릴 때 걸리는 시간은 시계마다 다양해요. 어떤 시계는 1초에 여러 번 흔들리고, 어떤 시계는 한 번 왔다 갔다 하는 데 1분이 걸리기도 한답니다!

기억해 둘 물리학 상식
오늘날 가장 정확한 시계는 원자시계예요. 1,000년에 단 1초만 달라질 정도로 무척이나 정확하답니다!

내가 움직여서 만드는 째깍 소리를 들어 봐!

진자시계의 좋은 점은 무엇일까?

진자는 중력 위치 에너지를 운동 에너지로 전환시켜 자기 일을 해요. 진자가 훅 흔들려서 가장 높은 점에 다다르면 저장된 에너지는 최고치에 다다라요. 그러다가 다시 가장 낮은 한가운데 지점으로 떨어지지요. 여기서 에너지는 전부 운동 에너지로 바뀌어요. 이 과정이 진자가 양옆으로 흔들릴 때마다 계속 반복된답니다. 운동 에너지 덕분에 시계가 계속 작동할 수 있고요. 하지만 진자가 움직이는 과정에서 마찰이 발생해요. 그 말은 시간이 지날수록 흔들리는 운동이 점차 느려지면서 이동하는 거리도 짧아진다는 뜻이에요. 하지만 진자가 왔다 갔다 한 주기를 완성하는 데는 언제나 일정하게 같은 시간이 걸리지요. 이런 성질을 '진자의 등시성'이라고 해요. 시간 간격이 같다는 뜻이에요. 이 등시성 덕분에 진자시계는 무척 정확하답니다.

시간이 지나면서 진자의 운동이 느려지면, 진자시계가 계속 작동하기 위해 에너지가 필요해요. 바로 시계의 태엽을 감아 주면 되지요. 이때 진자의 추가 무거울수록 더 많은 에너지를 저장해요. 그래서 가벼운 추보다 태엽을 좀 덜 감아도 된답니다.

세계를 통합하기

표준 모형은 물질의 구조에 대한 여러 질문에 대한 답을 알려 줘요. 물질이 무엇으로 만들어져 있고, 힘이 어떻게 물질에 영향을 주는지에 대한 질문이에요. 하지만 표준 모형이 완벽한 건 아니에요. 현재의 모형이 답할 수 없는 우주에 대한 여러 질문들이 있지요.

표준 모형에 따르는 주된 문제는 입자들이 어째서 지금과 같은 모습으로 존재하는지를 설명할 수 없다는 거예요. 그렇다고 해서 물리학자들이 표준 모형이 틀렸다고 생각하는 건 아니에요. 그보다는 표준 모형이 완전한 그림을 제공하지 못한다고 생각하지요. 다시 말해 우리가 더 발견해야 할 무언가가 있다는 거예요.

근본적인 힘들

우리 주변의 모든 것들에 작용하는 네 가지 힘이 있어요. 자연계의 근본적인 힘이에요.

1 중력
이 힘은 근본적인 힘들 가운데 가장 약해요. 하지만 여러 은하들을 한데 묶을 정도는 된답니다.

2 전자기력
이 힘은 전자들의 행동을 통제해요. 그리고 전기장과 자기장을 만들어요.

3 강력
이 힘은 양성자와 중성자가 서로 이끌리도록 한데 묶는 힘이에요. 사실상 여러 쿼크 사이로 작용하지요. 이 힘은 한 원자의 핵이라는 범위 안에서만 작용하고, 그보다 먼 거리에서는 사라져요.

4 약력
이 힘은 강력에 비해 1천만 배나 약해요. 그래서 '약력'이라는 이름이 붙었지요. 그래도 여전히 중력보다는 강하답니다. 약력은 무척이나 짧은 거리에서 작용하고, 중성자를 양성자로 바꾸기도 하지요.

대통일 이론

입자 물리학자들이 갖는 큰 목표 중 하나는 이 4개의 근본적인 힘을 통합해 대통일 이론(GUT)을 만드는 거예요. 대통일 이론은 우주가 어떻게 조직되어 있는지 우아하게 이해하도록 돕는 하나의 이론이지요. 물리학자인 제임스 맥스웰은 이 대통일 이론을 만들기 위한 첫 번째 걸음을 뗐어요. 전기와 자기가 둘 다 전자의 운동과 배열이라는 사실을 알아챘고, 두 힘을 전자기력으로 통합했지요. 오늘날 물리학자들은 전자기력과 약력을 연결하고 있어요. 두 힘은 높은 에너지 값을 가질 때 동일한 힘의 서로 다른 측면이라고 보였기 때문이에요. 이렇게 통합된 힘은 전자기약력이라고 불러요.

대통일 이론은 여러 유형이 있지만 대부분은 네 가지 근본적인 힘을 전부 통합할 정도까지 발전하지는 못했어요. 대신에 이 이론들은 강력과 전자기약력을 통합하려 하지요. 따라서 표준 모형에 들어맞는 힘의 매개체를 가지고 있어요. 하지만 이론을 더 발전시키기 위해서 물리학자들은 실험 가능한 예측을 해야 해요. 4개의 힘을 전부 통합하는 이론들은 양자 세계에 대해서도 설명해야 해요. 그래서 이런 이론을 '모든 것에 대한 이론'이라 불러요. 여러 힘들을 설명하는 데 그치지 않고 근본적인 물리학에 들어맞아야 하니까요. 현재 실험을 통해 결과를 예측할 수 있는 '모든 것에 대한 이론'은 아직 없어요. 그래서 이 분야는 아직 이론적인 영역에 속해 있지요.

하이젠베르크의 불확정성 원리

야구 선수가 공을 던지면, 태양이나 전구에서 나온 빛이 공에서 반사되어 우리 눈에 들어와요. 그래서 공이 날아오는 모습을 볼 수 있어요. 하지만 아주 어두운 밤에 공을 던지면 공을 볼 수는 없어요. 반사되어 나올 빛이 없으니까요.

하지만 아무리 밝고 강렬한 빛이 공에 부딪쳐도 공은 방향을 바꾸지 않아요. 이런 성질을 활용해 야구 경기를 할 때면 전자기파를 쏘아 거리와 속도, 방향 등을 측정해요. 전자기파가 공에 부딪쳐도 공은 방향과 속도를 바꾸지 않지요.

원자에 부딪친 빛

하지만 원자의 세계는 무척 작아서 사정이 달라요. 빛이 원자에 맞고 튕겨 나가면 원자의 방향과 속도가 바뀌지요. 몇몇 경우에는 원자를 핵에서 튕겨 나가게 할 수도 있어요. 만약 사람에게 손전등 빛을 비췄을 때 사람이 원자만큼 작다면, 빛을 쏘였을 때 고꾸라지듯 넘어질 거예요!

원자는 마치 줄에 방울이 잔뜩 걸려 있는 방 안에서 움직이는 테니스공과 비슷해요. 공이 방울과 부딪치면 짤랑대는 소리가 나기 때문에 그 위치를 알 수 있어요. 하지만 그 과정에서 공에 부딪힌 방울은 원래의 경로에서 벗어나 다른 방향으로 운동하지요. 그래서 짤랑대는 소리가 나면 공이 어디에 있었는지를 알 수 있어요. 지금 어디에 있는지가 아니라요.

속력이 아닌 속도

물리학에서 측정하는 것은 속력이 아닌 속도예요. 속도란 방향이 있는 속력을 말해요. 예를 들어 어떤 자동차가 시속 50km로 달린다면, 그 자동차의 속도가 동쪽으로 또는 다른 어떤 방향으로 시속 50km라고 말할 수 있어요. 이런 이유로 우리는 작은 입자의 속도와 위치를 동시에 측정할 수가

기억해 둘 물리학 상식

하이젠베르크의 불확정성 원리를 접한 알베르트 아인슈타인은 다음과 같은 유명한 말을 남겼어요. "신은 우주에서 주사위 놀음을 하지 않는다." 아인슈타인은 불확정성 원리를 반대했지요. 하지만 그 이후로 물리학자들이 열심히 연구했지만 불확정성 원리가 틀렸다는 사실을 증명할 수는 없었어요. 이 원리는 이제 양자 역학 분야의 기초 이론으로 자리매김했어요.

없지요.

만약 그 입자가 어디에 있는지 알아낸다면, 그 과정에서 입자를 원래 경로에서 벗어나게 했을 거예요. 그러면 속도가 바뀌어요. 반면에 속도를 측정한다 해도 입자가 움직이기 때문에 어디에 있는지 위치를 알 수는 없어요. 따라서 우리는 입자의 위치와 속도를 특정한 범위 안에서만 측정할 수 있어요. 다시 말해 특정한 불확실성 안에서 그 값을 구할 수 있는 셈이에요. 이런 생각을 처음으로 정리한 사람은 독일의 과학자 베르너 하이젠베르크였답니다. 이 생각을 그의 이름을 따서 하이젠베르크의 불확정성 원리라 불러요.

브라운 운동

스코틀랜드의 위대한 과학자 로버트 브라운의 이름을 딴 브라운 운동은 많은 사람들에게 꽤 익숙한 현상이에요. 브라운 운동의 발견은 과학의 역사에서 우연히 벌어진 여러 사건 가운데 하나지요. 이 발견은 획기적인 여러 이론으로 이어졌답니다.

브라운의 우연한 발견

브라운은 원래 식물학자였어요. 식물의 표본을 연구하면서 경력을 쌓아 가던 학자였지요. 어느 날, 브라운은 현미경으로 꽃가루가 물속에 둥둥 떠 있는 모습을 관찰했어요. 그러다 꽃가루가 진동하듯 떨린다는 사실을 발견했지요. 꽃가루를 움직일 만한 뭔가가 없었는데도 용액 속에서 천천히 이리저리 움직였던 거예요.

당시에는 제대로 이해하지 못했지만, 이 운동은 원자와 분자에 대한 추측으로 이어졌어요. 원자와 전자를 직접 관찰하기 한참 전부터 말이지요.

브라운 운동이란 무엇일까?

물속에서 꽃가루가 여기저기 마구 돌아다닌다는 사실은 브라운의 흥미를 자극했어요. 브라운은 이런 운동을 일으키는 원인을 확실히 몰랐어요. 그래서 가능한 여러 가지 원인을 하나씩 꼽아 봤어요. 브라운의 가장 큰 업적은 이 운동이 꽃가루 자체가 움직여서 일어나지 않았다는 사실을 증명했다는 점이에요. 죽은 꽃가루와 돌가루를 사용했기 때문이지요. 또한 브라운은 작고 가벼운 입자가 살아 있는 꽃가루보다 훨씬 많이 움직인다는 사실을 발견해 기록했어요!

비록 브라운이 이런 볼거리를 처음으로 관찰해 기록으로 남기기는 했지만 사실 이 현상이 나타나는 진짜 이유에 대해서는 몰랐어요. 그러다가 나중에서야 아주 작은 물 분자들이 꽃가루와 부딪치면서 꽃가루를 움직이게 한다는 사실이 알려졌답니다. 물론 당시에는 물 분자를 눈으로 볼 수 없었지요. 꽃가루가 물 분자에 비해 1만 배나 더 크지만, 물 분자와 엄청나게 많이 부딪치기 때문에 결국은 꽃가루를 이리저리 움직일 정도로 강력한 효과를 낸 거예요. 그 과정에서 꽃가루가 예측할 수 없을 정도로 휙휙 움직일 수 있었지요.

이때 꽃가루의 무의식적인 움직임은 모든 방향으로 동등하게 이뤄지기 때문에 물 분자들은 각자의 움직임을 상쇄하지요. 실제로 물 분자들이 다른 방향보다 어느 한 방향으로 밀치는 힘은 아주 약간 큰 정도예요.

기억해 둘 물리학 상식

브라운 운동은 물리학의 근본적인 연구 분야 가운데 하나예요. 다양한 영역에서 큰 영향을 주고 있지요. 예컨대 경제학자들은 브라운 운동을 활용해 주식 시장의 변동을 설명해요. 또 오늘날 학자들은 카오스 이론을 통해 겉보기에 무작위한 변동처럼 보이는 과정을 이해하려고 하는데, 브라운 운동 속에서 그 뿌리를 찾고자 하지요.

물리학에 쓰이는 주요 낱말

물리학 분야에는 어렵고 복잡한 용어들이 잔뜩 있어요.
다음은 그중에서 많이 쓰이는 몇 가지를 추린 거예요.

강력
어떤 원자핵 속의 입자들, 그리고 강입자 속의 쿼크들을 한데 묶는 힘.

강입자
중입자, 중간자를 포함하는 아원자 입자의 무리로, 강한 핵력(양성자와 중성자를 결합하여 원자핵을 이루고 있는 힘)을 발휘하는 입자들.

광년
빛이 1년 동안 이동하는 거리에 해당하는 천문학의 단위.

광자
질량이 없는 빛(또는 전자기파 스펙트럼 위의 일부)의 입자로, 진동수에 따라 에너지를 실어 나름.

광전 효과
광자 하나가 금속 조각에 부딪쳐서 전자 하나가 방출되는 과정.

굴절
파동이 어떤 물질에서 다른 물질로 이동하면서 속도가 느려지거나 빨라지고 방향이 바뀌는 현상.

근본 입자
현재의 입자 물리학적 지식만으로는 더 이상 작게 쪼개지지 않는 입자.

근본 힘
아원자 입자들에 작용하는 네 가지의 가장 기본적인 힘으로, 현재로서는 다른 유형의 힘으로 단순화되지 않음. 중력, 전자기력, 강력, 약력의 네 가지.

글루온
강입자 안에서 쿼크를 붙잡고 있는 강력을 내보내는 질량 없는 입자.

나노 공학
나노미터 규모에서 벌어지는 기술의 한 분야.

동위 원소
양성자의 수는 같은데 중성자의 수가 다른 같은 원소의 여러 유형.

렙톤
강력의 영향을 받지 않는 아원자 입자들.

반사
빛이 물질의 표면에 부딪치거나 물질을 따라 이동하면서 방향이 바뀌는 현상.

벡터
속도나 가속도처럼 크기나 규모, 방향을 함께 가지는 양.

스칼라양
질량이나 속력처럼 규모나 크기만 가지는 양.

시간 지연
멈춰 있는 관찰자가 바라봤을 때, 빛의 속도에 근접하는 움직이는 시계에서 시간이 느려진 듯 보이는 현상.

양자 역학
아원자 입자들의 행동을 기술하는 물리학의 한 분야.

열에너지 또는 열
어떤 물체 속 원자들의 운동 에너지에 의해 생겨난 물체 내부의 에너지.

열역학
열에너지와 다른 종류의 에너지 사이의 관계를 연구하는 물리학의 한 분야.

에너지 보존 법칙
하나의 계 안에서 어떤 변화가 일어나든 그 계의 에너지 총합은 일정하다는 원리.

엔트로피
한 시스템의 에너지양을 나타내며, 기계적인 일의 개념으로 사용할 수 없다. 어떤 계의 무질서도나 무작위도를 측정하는 데 쓰이기도 한다.

운동 에너지
움직이는 어떤 물체가 갖는 에너지.

원자
화학 원소에서 가장 작은 입자.

입사선
물질의 표면에 부딪치며 그 안으로 들어가는 광선.

전자기파 스펙트럼
진동수나 파장에 따라 전자기 복사선이 분포된 스펙트럼.

전자스핀
전자가 전하를 띤 회전하는 구체가 되도록 하는 전재(그리고 다른 근본 입자들)의 성질.

정전기
주로 마찰을 통해 생겨난 정전하(움직임이 없는 전하)가 절연체에 쌓인 것.

중간자
쿼크 하나와 반쿼크 하나로 이뤄진 강입자.

중력 렌즈
은하 같은 물질이 빛을 굴절시켜 렌즈 역할을 하면서 그 뒤의 물체들을 확대해 보여 주는 효과.

중력 위치 에너지
중력장 안의 위치 때문에 지면에서 높이 올라간 곳에 자리하는 어떤 물체에 저장된 에너지.

중력자
아직 발견되지는 않았지만 중력을 내보내는 이론적인 입자.

중력장의 세기, 또는 g
물질 1kg마다 작용하는 중력의 크기.

중성 미자
질량이 작고 전하가 없는 아원자 입자로, 보통의 물질과는 거의 상호 작용하지 않는다.

중입자
3개의 쿼크로 이뤄진 강입자.

진동수
어떤 파동이나 주기가 1초마다 특정 지점을 지나는 횟수.

쿼크
질량이 큰 아원자 입자들을 구성하는 6종류의 근본 입자 무리.
어떤 원자의 핵이 알파 입자, 베타 입자, 감마선의 형태로 자연스럽게 방사선을 내보내는 과정.

파동—입자 이중성
파동과 입자 양쪽이 동시에 존재하면서 생겨나는 성질.

파장
어떤 파동의 가장 높은 꼭대기와 그 다음에 오는 파동의 꼭대기 사이의 거리.

표준 모형
근본 입자들과 힘이 어떻게 서로 작동하는지를 설명하는 이론적인 모형.

항성풍
항성에서 바람의 형태로 나타나는 전하를 띤 입자들의 지속적인 흐름.

핵분열
무거운 핵이 그보다 작은 여러 핵으로 나뉘면서 에너지를 방출하는 핵반응.

핵융합
가벼운 핵들이 합쳐져서 더 무거운 핵을 만들면서 에너지를 방출하는 핵반응.

회절발
빛의 회절과 간섭을 통해 스펙트럼을 만들어 내는 유리 조각이나 금속 조각으로, 그 위에 서로 평행한 선들이 아로새겨 있다.

희토류 자석
희토류 원소로 이뤄진 매우 강한 영구 자석.

물리학은 최고의 지적인 모험이며, 우리 우주의 가장 깊은 비밀을 이해하려는 탐구다.

맥스 테그마크

글 세라 허턴

세라 허턴 박사는 유니버시티 컬리지 런던(University College London)의 물리 천문학과에서 물리 교육 및 학습을 장려하기 위한 조직인 오그던 트러스트 (Ogden Trust)와 함께 학교 홍보 활동을 개발하고 있습니다. 허턴 박사는 더 많은 여학생들이 물리학을 공부하도록 장려하고 물리학의 기쁨을 기꺼이 듣고자 하는 사람들과 공유하는 것에 중점을 두고 활동하고 있습니다.

그림 데이미언 웨그힐

데이미언 웨그힐은 수많은 책에 자신의 스타일을 한껏 발휘한 그림을 그린 삽화가입니다. 잉글랜드의 북동부 지역에서 태어나 지금은 영국 런던에서 살며 아이디어 가득한 그림 그리는 일에 전념하고 있습니다.

옮김 김아림

서울대학교 생물교육과를 졸업했고 같은 학교 대학원 과학사 및 과학철학 협동과정에서 석사 학위를 받았습니다. 과학을 좀 더 넓은 관점에서 통합적으로 바라보는 일에 관심이 있어 출판사에서 과학 책을 만들다가 지금은 번역 에이전시 엔터스코리아에서 출판기획자 및 전문번역가로 활동 중입니다. 옮긴 책으로는 《청소년을 위한 음식의 사회학》, 《마당에서 만나는 과학》, 《미국 초등 교과서 핵심 지식 시리즈GK-G3 : 과학 편》, 《축구공으로 불을 밝혀라 : 사람과 환경 모두에게 좋은 에너지 이야기》, 《아인슈타인과 자전거 타기의 행복》, 《역사 속 슈퍼스타》 등 다수가 있습니다.